傅雷家信精选

Selected Letters of Fu Lei

1954－1966

傅雷
朱梅馥
——
著

天津出版传媒集团
天津人民出版社

赤子孤独了，会创造一个世界。

—— 傅雷夫妇墓碑铭

一九五四年

傅雷长子傅聪七岁学琴，师从意大利指挥家、钢琴家梅百器（Mario Paci）。1954年，二十岁的傅聪辞别父母，远赴波兰进修。

1954.1.18／19

聪：

车一开动，大家都变了泪人儿，呆呆的直立在月台上，等到冗长的列车全部出了站方始回身。出站时沈伯伯再三劝慰我。但回家的三轮车上，个个人都止不住流泪。敏一直抽抽噎噎。昨天一夜我们都没睡好，时时刻刻惊醒。今天睡午觉，刚刚朦胧阖眼，又是心惊肉跳的醒了。昨夜月台上的滋味，多少年来没尝到了，胸口抽痛，胃里难过，只有从前失恋的时候有过这经验。今儿一天好像大病之后，一点劲都没得。妈妈随时随地都想哭—— 眼睛已经肿得不像样了，干得发痛了，还是忍不住要哭。只说了句“一天到晚堆着笑脸”，她又呜咽不成声了。真的，孩子，你这一次真是“一天到晚堆着笑脸”，教人怎么舍得！老想到五三年正月[1]的事，我良心上的责备简直消释不了。孩子，我虐待了你，我永远对不起你，我永远补赎不了这种罪过！这些念头整整一天没离开过我的头脑，只是不敢向妈妈说。人生做错了一件事，良心就永久不得安宁！真的，巴尔扎克说得好：有些罪过只能补赎，不能洗刷！

十八日晚

1. 就贝多芬小提琴奏鸣曲哪一首最重要，傅雷和傅聪意见不同，展开了激烈的争论。当时国外音乐界普遍认同第九首《克勒策奏鸣曲》最为重要，这与傅雷的看法不谋而合，而傅聪更坚持自己的音乐感受，不同意此观点。傅雷盛怒之下批评傅聪过于狂妄：“才看过多少书！”年少的傅聪顿感委屈，离家出走，借住在傅雷好友毛楚恩家一月有余。

昨夜一上床，又把你的童年温了一遍。可怜的孩子，怎么你的童年会跟我的那么相似呢？我也知道你从小受的挫折对于你今日的成就并非没有帮助，但我做爸爸的总是犯了很多很重大的错误。自问一生对朋友对社会没有做什么对不起的事，就是在家里，对你和你妈妈做了有亏良心的事，这些都是近一年中常常想到的，不过这几天特别在脑海中盘旋不去，像噩梦一般。可怜过了四十五岁，父性才真正觉醒！

今天一天精神仍未恢复。人生的关是过不完的，等到过得差不多的时候，又要离开世界了。分析这两天来精神的波动，大半是因为：我从来没爱你像现在这样爱得深切，而正在这爱的最深切的关头，偏偏来了离别！这一关对我，对你妈妈都是从未有过的考验。别忘了妈妈之于你不仅仅是一般的母爱，而尤其因为她为了你花的心血最多，为你受的委屈——当然是我的过失——最多而且最深最痛苦。园丁以血泪灌溉出来的花果迟早得送到人间去让别人享受，可是在离别的关头怎么免得了割舍不得的情绪呢？

跟着你痛苦的童年一起过去的，是我不懂做爸爸的艺术的壮年。幸亏你得天独厚，任凭如何打击都摧毁不了你，因而减少了我一部分罪过。可是结果是一回事，当年的事实又是一回事：尽管我埋葬了自己的过去，却始终埋葬不了自己的错误。孩子，孩子，孩子，我要怎样的拥抱你才能表示我的悔与热爱呢！

爸爸　十九晚

1954.1.30

亲爱的孩子：

你走后第二天，就想写信，怕你嫌烦，也就罢了。可是没一天不想着你，每天清早六七点就醒，翻来覆去睡不着，也说不出为什么。好像克利斯朵夫的母亲独自守在家里，想起孩子童年一幕幕的形象一样；我和你妈妈老是想着你二三岁到六七岁间的小故事—— 这一类的话我们不知有多少可以和你说，可是不敢说，你这个年纪是一切向前的，不愿意回顾的；我们啰哩啰嗦的抖出你尿布时代及一把鼻涕一把眼泪时代的往事，会引起你的憎厌。孩子，这些我都很懂得，妈妈也懂得。只是你的一切终身会印在我们脑海中，随时随地会浮起来，像一幅幅的小品图画，使我们又快乐又惆怅。

真的，你这次在家一个半月，是我们一生最愉快的时期；这幸福不知应当向谁感谢，即使我没宗教信仰，至此也不由得要谢谢上帝了！我高兴的是我又多了一个朋友；儿子变了朋友，世界上有什么事可以和这种幸福相比的！尽管将来你我之间离多别少，但我精神上至少是温暖的，不孤独的。我相信我一定会做到不太落伍，不太冬烘，不至于惹你厌烦。也希望你不要以为我在高峰的顶尖上所想的，所见到的，比你们的不真实。年纪大的人终是往更远的前途看，许多事你们一时觉得我看得不对，日子久了，现实却给你证明我并没大错。

孩子，我从你身上得到的教训，恐怕不比你从我得到的少。尤其是近三年来，你不知使我对人生多增了几许深刻的体验，我从与你相处的过程中学到了忍耐，学到了说话的技巧，学到了把感情升华！

你走后第二天，妈妈哭了，眼睛肿了两天：这叫做悲喜交集的眼泪。我们可以不用怕羞的这样告诉你，也可以不担心你憎厌而这样告诉你。人毕竟是感情的动物。偶然流露也不是可耻的事。何况母亲的眼泪永远是圣洁的，慈爱的！

这几日恩德[1]特别来得多，大概她领会到我们的心情，想来安慰安慰我们。青年人的影子，的确能使我们想到你，见了她似乎可聊以解渴。

本想等你信到时再添上几句，既然等不到，只得先发。祝你新年快乐。

你的爸爸　一月三十日晚

你知道我们很想知道你的饮食起居，住的屋子，寒暖，床铺等等零星事，当然也很想知道乐理学习如何安排，还有俄文。来信潦草不妨，只求详细些！

亲爱的聪儿：

自昨天起我们开始等你的信了，算起日子来，也该有信来了。你真不知道为娘的牵肠挂肚，放怀不开。你走后，忙着为你搬运钢琴的事，今天中午已由旅行社车去，等车皮有空就可装运。接着阴历年底快要到了，我又忙着家务，整天都是些琐碎事儿，可是等到空下来，或是深

1. 牛恩德，傅雷夫妇的干女儿，著名钢琴演奏家。年仅两岁时，父亲因病离世，干爹傅雷主动承担起教导的责任，常常在做人、学习、艺术方面指导她。

夜，就老是想着你，同爸爸两人谈你，过去的，现在的，抱着快乐而带点惆怅的心情，忍不住要流下泪来，不能自已。你这次回来的一个半月，真是值得纪念的，因为是我一生中最愉快、最兴奋、最幸福的一个时期。看到你们父子之间的融洽，互相倾诉，毫无顾忌，以前我常常要为之担心的恐惧扫除一空，我只有抱着欢乐静听你们的谈论，我觉得多幸福、多安慰，由痛苦换来的欢乐才是永恒的。虽是我们将来在一起的时候不会多，但是凭了回忆，宝贵的回忆，我也会破涕而笑了。我们之间，除了“爱”之外，没有可说的了。我对你的希望和前途是乐观的，就是有这么一点母子之情割舍不得。只要常常写信来，只要看见你写着“亲爱的爸爸妈妈”，我已满足了。

妈妈　一月三十日晚

1954.2.2

亲爱的孩子：

等了多久，终于等着了你的信。你忙，我们自然想象得到，也自然原谅你写信写得迟。只担心一件事，怕你吃东西不正常不努力，营养不够。希望你为了我们，“努力加餐饭！”我指的特别是肉类，不一定要多吃米饭。

刚才打电话去问中国旅行社，说琴已装出，在路上了。你可请张宁和代向北京中国旅行社嘱咐一番，琴到时搬运要特别小心。北京坏了琴，没人修；这是一件大事，不用怕麻烦人家，张宁和人如此热情，一定愿意为你照顾这些的。运到团里时，外面包的篾，千万不要自己拆，很容易刺坏手，而你的手，不用说该特别保护！粗绳子也容易伤手。你一定要托工友们代办。以上两点，务望照办为要！

勃隆斯丹夫人[1]有信来，附给你。看过了，仍望寄回。昨晚七时一刻至八时五十分电台广播你在市三弹的四曲Chopin［肖邦］，外加encore［返场］的一支*Polonaise*［《波罗乃兹舞曲》］；效果甚好，就是低音部分模糊得很；琴声太扬，像我第一天晚上到小礼堂空屋子里去听的情形。以演奏而论，我觉得大体很好，一气呵成，精神饱满，细腻的地方非常细腻，tone colour［音色］变化的确很多。我们听了都很高兴，很感动。好孩子，我真该夸奖你几句才好。回想五一年四月刚从昆

1. 苏联籍钢琴家，傅聪十岁时的钢琴教师，后迁居加拿大。

明回沪的时期，你真是从低洼中到了半山腰了。希望你从此注意整个的修养，将来一定能攀登峰顶。从你的录音中清清楚楚感觉到你一切都成熟多了，尤其是我盼望了多少年的—— 你的意志，终于抬头了。我真高兴，这一点我看得比什么都重。你能掌握整个的乐曲，就是对艺术加增深度，也就是你的艺术灵魂更坚强更广阔，也就是你整个的人格和心胸扩大了。孩子，我要重复Bronstein［勃隆斯丹］信中的一句话，就是我为了你而感到骄傲！

今天是除夕了，想到你在远方用功，努力，我心里说不尽的欢喜。别了，孩子，我在心里拥抱你！

爱你的爸爸　大除夕　二月二日

1954.2.4

孩子：

好孩子，你忙，你提笔远不如弹琴那么容易。好吧，我们不再要求你多写信。我也忙，可是我十分钟一刻钟就能给你写上一张纸。只要你不嫌繁烦，我可以常常跟你谈天，譬如听我独白。只要你的静默不是为了病，我决不多操心。

爸爸　又字 二月四日

昨天下午电台又播送你弹的勃拉姆斯五支，效果也比当天的好。Hindemith［亨德米特］那本乐理要不要寄给你？

1954.2.10

孩子：

七日两信同时收到。北京当地钢琴运费，过几日中旅会派人来收，届时必有图章（此章务必妥存！）及迁出证等交给你。（琴上用的粗麻索——非草绳——望妥存，前有明信片提及。）

屋内要些图片，只能拣几张印刷品。北京风沙大，没有玻璃框子，好一些的东西不能挂；黄宾虹的作品，小幅的也有，尽可给你；只是不装框不行。好在你此次留京时期并不太长，马虎一下再说。Chopin［肖邦］肖像是我二十三岁时在巴黎买的，又是浪漫派大画家Delacroix［德拉克洛瓦］名作的照相；Mozart［莫扎特］那幅是Paci［百器］[1]的遗物，也是好镌版，都不忍让它们到北京光秃秃的吃灰土，故均不给你。

读俄文别太快，太快了记不牢，将来又要从头来过，犯不上。一开始必须从容不迫，位与格均须要记忆，像应付考试般临时强记是没用的。现在读俄文只好求一个大概，勿野心太大；主要仍须加功夫在乐理方面，外文总是到国外去念进步更快。目前贪多务得，实际也不会如何得益，切记切记！望主动向老师说明，至少过二三月方可加快速度。Scriabine［斯克里亚宾］的全集待装订后寄你，Cortot［科托特］的*Piano Technic*［《钢琴技巧》］亦然。我当尽力催他们快快装好。

上海这两天忽然奇暖，东南风加沙土，很像昆明的春天。阿敏和恩

---

1. 即梅百器，意大利钢琴家，曾任傅聪钢琴教师。

德一起跟我念诗，敏说你常常背“朝回日日典春衣，每日江头尽醉归”二句，现在他也背得了。我正在预备一样小小的礼物，将来给你带出国的，预料你一定很喜欢。再过一星期是你妈妈的生日，再过一个月是你生日，想到此不由得悲喜交集。

Hindemith［亨德米特］的乐理明日即寄出，窗帘、桌布、琴盖布，都将由妈妈准备齐全，日内即寄。韦贤彰见面时代我道贺。我们一定设法不要你上邮局拿就是。

张宁和处代我致意。匆匆即问近好！

爸爸　二月十日

1954.2.24

亲爱的聪：

你的信今天终于收到了，很快慰。你走后，我们心里的矛盾真是无法形容，当然为你的前途，我们应该庆幸，你有那么好的机会，再幸运也没有了；可是一想到那么长的别离，总有些不舒服，但愿你努力学习，保重身体，我相信你决不会辜负国家对你的期望，我们的一番苦心。你在国外，千万多些家信，把什么都告诉我们，不论琐碎的重大的，我们都乐意知道，有机会拍了照片，也不时寄来。你的信我们看得多宝贵，我们虽然分离了，可是心永久在一起，这是你给我们的唯一的安慰。

在京洗的衣服成绩怎么样？希望你慢慢的仔仔细细整理东西，妈妈不能代你理东西，真是件遗憾的事。今天冒雨为你添印了一打派司照片，现在附上，希望你收到后就放在黑包内，以备将来派用场。维他命B一定要吃，以后生活一定要有规律，你现在懂事了，我也不再操心了。不过空下来老念着你，很高兴会常常梦见你，孩子，妈妈多疼你，只愿你多多来信，我们才感谢不尽呢！不多谈了，要说的话，爸爸已写了许多，望你多多保重！祝快乐！

妈妈　二月二十四日

那件短袖白衬衫，确在家里，今天整理东西时拣出来了，只好留给阿敏穿了，原谅妈妈的糊涂！

1954.3.24

亲爱的孩子：

这一回你隔了差不多二十天才有信来，因为我一直闹病，很担心你也病了。我从三月十二日起好好歹歹一连发烧发了三四次，而且每次热度都很高。上回热度退后有过一封信给你。不料二十二日下午又来了高热度，林伯伯听了肺，说是气管炎。幸而隔了一天半就退净，只是身体屡经打击，一时恢复不过来。

在公共团体中，赶任务而妨碍正常学习是免不了的，这一点我早料到。一切只有你自己用坚定的意志和立场，向领导婉转而有力的去争取。否则出国的准备又能做到多少呢？特别是乐理方面，我一直放心不下。从今以后，处处都要靠你个人的毅力、信念与意志—— 实践的意志。我不再和你说教条式的话，去年那三封长信把我所想的话都说尽了；你也已经长大成人，用不着我一再叮嘱。但若你缺少勇气的时候，尽管来信告诉我，我可以替你打气。倘若你心绪不好，也老老实实和我谈谈，我可以安慰安慰你，代你解决一些或大或小的烦恼。关于某某的事，你早已跟我表明态度，相信你一定会实际做到。你年事尚少，出国在即；眼光、嗜好、趣味，都还要经过许多变化；即使一切条件都极美满，也不能担保你最近三四年中，双方的观点不会改变，从而也没法保证双方的感情不变。最好能让时间来考验。我二十岁出国，出国前后和你妈妈已经订婚，但出国四年中间，对她的看法三番四次的改变，动摇得很厉害。这个实在的例子很可以做你的参考，使你做事可以比我谨慎，少些痛苦——尤其为了你的学习，你的艺术前途！

另外一点我可以告诉你：就是我一生任何时期，闹恋爱最热烈的时候，也没有忘却对学问的忠诚。学问第一，艺术第一，真理第一，爱情第二，这是我至此为止没有变过的原则。你的情形与我不同：少年得志，更要想到"盛名之下，其实难副"，更要战战兢兢，不负国人对你的期望。你对政府的感激，只有用行动来表现才算是真正的感激！我想你心目中的上帝一定也是Bach［巴赫］、Beethoven［贝多芬］、Chopin［肖邦］等等第一，爱人第二。既然如此，你目前所能支配的精力与时间，只能贡献给你第一个偶像，还轮不到第二个神明。你说是不是？可惜你没有早学好写作的技术，否则过剩的感情就可用写作（乐曲）来发泄，一个艺术家必须能把自己的感情"升华"，才能于人有益。我绝不是看了来信，夸张你的苦闷，因而着急；但我知道你多少是有苦闷的，我随便和你谈谈，也许能帮助你廓清一些心情。

恩德此次开刀经过比去年痛苦得多。去年手术时间仅半小时，这回却花了一小时半；最初三天还有热度，一只眼还发炎，至今还住在医院里。

前信问你要不要再版的《嘉尔曼》送朋友，望来信告知。外边阳光甚好，完全是春天的气息了，可惜我还不能出门去散散步，迎接新到的春光。一切珍重，定下心神学习吧，我祝福你，亲爱的孩子，希望你比我少些烦恼，多些幸福，多有成就给人家幸福！

爸爸　三月二十四日　上午十一时

1954.4.21

孩子：

接十七日信，很高兴你又过了一关。人生的苦难，theme［主旋律］不过是这几个，其余只是variations［变奏曲］而已。爱情的苦汁早尝，壮年中年时代可以比较冷静。古语说得好，塞翁失马，未始非福。你比一般青年经历人事都更早，所以成熟也早。这一回痛苦的经验，大概又使你灵智的长成进了一步。你对艺术的领会又可深入一步。我祝贺你有跟自己斗争的勇气。一个又一个的筋斗栽过去，只要爬得起来，一定会逐渐攀上高峰，超脱在小我之上。辛酸的眼泪是培养你心灵的酒浆。不经历尖锐的痛苦的人，不会有深厚博大的同情心。所以孩子，我很高兴你这种蜕变的过程，但愿你将来比我对人生有更深切的了解，对人类有更热烈的爱，对艺术有更诚挚的信心！孩子，我相信你一定不会辜负我的期望。

我对于你的学习（出国以前的），始终主张减少练琴时间，俄文也勿太紧张；倒是乐理要加紧准备。我预言你出国以后两年之内，一定要深感这方面的欠缺。故出去以前要尽量争取基本常识。

三四月在北京是最美的季节（除了秋天之外）；丁香想已开罢，接着是牡丹盛放。有空不妨上中山公园玩玩。中国的古代文物当然是迷人的，我也常常缅怀古都，不胜留恋呢。

最近正为林伯伯加工修改讨论歌唱的文字；精神仍未完全复原，自己的工作尚未正式开始。

恩德的眼睛略有进步，据林伯伯说要完全纠正斜视需一年之久。她生来多挫折，比不得你一帆风顺。你写给她的信，我看到了，写得很好。

阿敏今日起小考。他春假中上苏州去玩了三天，跟学校团体去的，把黄家姨夫的日本照相机给人偷了，少不得要我赔偿。后小偷抓获，相机也追回。

园子东南角上迭了些小假山，种了些松、柏、紫荆、紫藤、枫树等等。你回来恐怕要不认得了。

匆匆，祝好！

爸爸　四月二十一日

妈妈常在牵挂你！

1954.5.5

聪：

又好久不给你写信了。你的自传交上去后，反应如何？乐理学得怎么样？精神如何？心绪又怎样？无一不在念中。有什么感触、不安，希望来信和我谈谈，也许我能替你解脱，至少也可以打打气。

看了《夏倍上校》没有？你喜欢哪一篇？对我的译文有意见吗？我自己愈来愈觉得肠子枯索已极，文句都有些公式化，色彩不够变化，用字也不够广。人民文学社要我译服尔德，看来看去，觉得风格难以传达，畏缩得很。

最近去杭州玩了五天，未去前自觉体力远不如前，去后登山脚力倒仍健旺。回家后园中鹃花盛放，蔷薇也已含苞欲吐。春天来了，想必你也更兴奋了。

有空来信！

匆匆即问近好。

爸爸　五月五日

林伯伯论歌唱技术的稿子，昨天替他改完了，松了一口气。

1954.6.24

亲爱的孩子：

终于你的信到了！联络局没早告诉你出国的时间，固然可惜，但你迟早要离开我们，大家感情上也迟早要受一番考验；送君十里终须一别，人生不是都要靠隐忍来撑过去吗？

你初到的那天，我心里很想要你二十以后再走，但始终守法和未雨绸缪的脾气把我的念头压下去了，在此等待期间，你应当把所有留京的琴谱整理一个彻底，用英文写两份目录，一份寄家里来存查。这种工作也可以帮助你消磨时间，省却烦恼。

孩子，你此去前程远大，这几天更应当仔仔细细把过去种种做一个总结，未来种种做一个安排；在心理上精神上多做准备，多多锻炼意志，预备忍受四五年中的寂寞和感情的波动。这才是你目前应做的事。孩了，别烦恼。我前信把心里的话和你说了，精神上如释重负。一个人发泄是要求心理健康，不是使自己越来越苦闷。多听听贝多芬的第五[1]，多念念克利斯朵夫里几段艰苦的事迹（第一册末了，第四册卷九末了），可以增加你的勇气，使你更镇静。

好孩子，安安静静的准备出国罢。一切零星小事都要想周到，别怕天热，贪懒，一切事情都要做得妥帖。行前必须把带去的衣服什物记在“小手册”上，把留京及寄沪的东西写一清账。想念我们的时候，看看

---

1. 即《C小调第五交响曲》，又名《命运交响曲》。

照相簿。为什么写信如此简单呢？要是我，一定把到京时罗君来接及到团以后的情形描写一番，即使借此练练文字也是好的。

近来你很多地方像你妈妈，使我很高兴。但是办事认真一点，却望你像我。最要紧，不能怕烦！

爸爸　二十四日下午

1954.6.29

亲爱的聪：

收到你的信多么快慰，我们的笑和哭都是从心底里发出来的，孩子，只有你的一切真能使我们的心开放，想到你，我就觉得幸福了，没什么抱怨的了。回想你在家的一星期，我的精神好得可以日夜不睡，等你一走，连着两天好似瘫痪了。

隔了几天，要修理爸爸的书房，又忙着搬屋子，整整忙了三天，现在又一切就绪，安排得有些像样了。爸爸的书橱都搬在阳台上，阳台变了书库，爸爸的书房暂时在三楼，布置得还算落位。敏仍睡底下，因为要等书房的石墙壁干燥，起码要一个半月，然后可以迁入。爸爸工作到深夜，与敏时间上有抵触，可是他的房间，目前东西塞得满坑满谷，他只好在我房内预备功课，反正那间房暗无天日，只好派睡觉用场。

这几天我想你忙着整理行装，衣服究竟做了几套？做工满意否？放内衣的箱子有没有给你？前次塞在你皮鞋盒子内的牙刷牙膏等零星什物，你可以将目前需要用的，拿一些出来，其余都可以装箱，只要账上记好，因为小东西容易疏忽。整理东西是件琐碎而麻烦的事，这次倒是给你训练训练，希望你有条有理，千万不可不耐烦而马虎。你临走前的一切情形，不嫌求详的告诉我们，我们才乐呢！

你收到我这封信的时候，离开祖国的日子没有几天了，出国后，多多写信来，在遥远祖国的爸爸妈妈，没有一天不在惦念你，祝祷你的成功、努力！最要紧的要保重身体，衣着寒暖，都要小心。我们抱着希望、快乐的心情，等你各方面满载而归！别了，一切珍重！

妈妈　六月二十九日

把我前几封信复看一遍，你的回信不愁没有话说了。暂时我没有什么话要说，只希望你来信详细一些。

爸爸　二十九日附笔

1954.7.4

孩子：

这几日为了你的事心绪不定，夜里也睡不好。最担心的是临时坐飞机去，行李由火车运；运的时间，如去年寄回国的行李例子，又是很长，将来你在外定感许多不便。

孩子，希望你对实际事务多注意些，应办的即办，切勿懒洋洋的拖宕。夜里摆龙门阵的时间，可以打发不少事情呢。宁可先准备好了再玩。

也许这是你出国以前接到的最后一信了，也许连这封信也来不及收到，思之怆然。要嘱咐你的话是说不完的，只怕你听得起腻了。可是关于感情问题，我还是要郑重告诫：无论如何要克制，以前途为重，以健康为重。在外好好利用时间，不但要利用时间来工作，还要利用时间来休息、写信。别忘了杜甫那句诗："家书抵万金！"

孩子，别了，我们没一天不想念你，没一天不祝福你，在精神上拥抱你！

爸爸　七月四日晨

1954.7.15

亲爱的聪儿：

你临走前七日发的信，到十日下午才收到，那几天我们左等右等老不见你来信，焦急万分，究竟怎么回事？走了没有？终于信来了，一块石头落了地。原来你是一个人走的，旅途的寂寞，这种滋味我也想象得出来。到了苏联、波兰，是否都有人来接你，我们只有等你的消息了。

关于你感情的事，我看了后感到无限惶惑不安。对这个问题我总觉得你太冲动，不够沉着。这次发生的，有些出乎人情之常，虽然这也是对你多一次教训，但是你应该深深的自己检讨一番，对自己应该加以严厉的责备。我也不愿对你多所埋怨，不过我觉得你有些滥用感情，太不自爱了，这是不必要的痛苦。得到这次教训后，千万要提高警惕，不能重蹈覆辙。你的感情太多了，对你终身是个累。所以你要大彻大悟，交朋友的时候，一定要事先考虑周详，而且也不能五分钟热度，凭一时冲动，冒冒失失的做了。我有句话，久已在心里嘀咕：我觉得你的爱情不专，一个接着一个，在你现在的年龄上，不算少了。我是一个女子，对这方面很了解女人的心理，要是碰到你这样善变，见了真有些寒心。你这次出国数年，除了努力学习以外，再也不要出乱子，这事出入重大，除了你，对爸爸的前途也有影响的。望你把全部精力放在研究学问上，多用理智，少用感情，当然，那是要靠你坚强的信心，克制一切的烦恼，不是件容易的事，但是非克服不可。对于你的感情问题，我向来不参加任何意见，觉得你各方面都在进步，你是聪明人，自会觉悟的。我既是你妈妈，我们是休戚相关的骨肉，不得不要唠叨几句，加以规劝。

回想我跟你爸爸结婚以来，二十余年感情始终如一，我十四岁上，你爸爸就爱上了我（他跟你一样早熟），十五岁就订婚，当年冬天爸爸就出国了。在他出国的四年中，虽然不免也有波动，可是他主意老，觉悟得快，所以回国后就结婚。婚后因为他脾气急躁，大大小小的折磨总是难免的，不过我们感情还是那么融洽，那么牢固，到现在年龄大了，火气也退了，爸爸对我更体贴了，更爱护我了。我虽不智，天性懦弱，可是靠了我的耐性，对他无形中或大或小多少有些帮助，这是我觉得可以骄傲的，可以安慰的。我们现在真是终身伴侣，缺一不可的。现在你也长大成人，父母对儿女的终身问题，也常在心中牵挂，不过你年纪还轻，不要操之过急。以你这些才具，将来不难找到一个满意的对象。好了，唠唠叨叨写得太多，你要头痛了。

今天接到你发自满洲里的信，真是意想不到的快，高兴极了！等到你接到我们的信时，你早已一切安顿妥当。望你将经过情形详细告诉我们，你的消息对我们永远是新鲜的。爸爸的书房墙壁做好了，可是要等干透，方可迁入。现在爸爸在三楼工作，很安静，新译的书于八月中可以脱稿。阿敏放假了，为了学习问题，有些闹情绪，精神影响身体，这几天很没劲。关于他的问题，爸爸会跟你谈的。

孩子，好好保重身体，多写信就是多给我们些安慰！

祝快乐。

你的妈妈　七月十五日

1954.7.27／28

聪：

莫斯科的信昨天收到。我们寄波兰的航空信，不知一共要多少日子，下次来信望提一提。近来我忙得不可开交，又恢复了十小时以上的工作。这封信预算也要分几次写成。晚上睡觉不好，十二点多上床，总要一小时以后才入睡。原因是临睡前用脑过度，一时停不下来。

你车上的信写得很有趣，可见只要有实情、实事，不会写不好信。你说到李、杜的分别，的确如此。写实正如其他的宗派一样，有长处也有短处。短处就是雕琢太甚，缺少天然和灵动的韵致。但杜也有极浑成的诗，例如“风急天高猿啸哀，渚清沙白鸟飞回。无边落木萧萧下，不尽长江滚滚来……”这首胸襟意境都与李白相仿佛。还有《梦李白》《天末怀李白》几首，也是缠绵悱恻，至情至性，非常动人的。但比起苏、李的离别诗来，似乎还缺少一些浑厚古朴。这是时代使然，无法可想的。汉魏人的胸怀比较更近原始，味道浓，苍茫一片，千古之下，犹令人缅想不已。杜甫有许多田园诗，虽然受渊明影响，但比较之下，似乎也“隔”（王国维语）了一层。回过来说：写实可学，浪漫底克不可学；故杜可学，李不可学。国人谈诗的尊杜的多于尊李的，也是这个缘故。而且究竟像太白那样的天纵之才不多，共鸣的人也少，所谓曲高和寡也。同时，积雪的高峰也令人有“琼楼玉宇，高处不胜寒”之感，平常人也不敢随便瞻仰。

词人中苏、辛确是宋代两大家，也是我最喜欢的。苏的词颇有些咏田园的，那就比杜的田园诗洒脱自然了。此外，欧阳永叔的温厚蕴藉也极可喜，五代的冯延巳也极多佳句，但因人品关系，我不免对他有些成见。

我第一信中所提的事，希望和我详细谈谈。在外倘有任何精神苦闷，也切勿隐瞒，别怕受埋怨。一个人有个大二十几岁的人代出主意，绝不会坏事。你务必信任我，也不要怕我说话太严，我平时对老朋友讲话也无顾忌，那是你素知的。并且有些心理波动或是郁闷，写了出来等于有了发泄，自己可痛快些，或许还可免做许多傻事。孩子，我真恨不得天天在你旁边，做个监护的好天使，随时勉励你，安慰你，劝告你，帮你铺平将来的路，准备将来的学业和人格。

七月二十七日深夜

上星期我替恩德讲《长恨歌》与《琵琶行》，觉得大有妙处。白居易对音节与情绪的关系悟得很深。凡是转到伤感的地方，必定改用仄声韵。《琵琶行》中“大弦嘈嘈”“小弦切切”一段，好比staccato［断奏］，像琵琶的声音极切；而“此时无声胜有声”的几句，等于一个长的pause［间歇］；“银瓶……水浆迸”两句，又是突然的attack［进攻］，声势雄壮。至于《长恨歌》，那气息的超脱，写情的不落凡俗，处处不脱帝皇的nobleness［高贵］，更是千古奇笔。看的时候可以有几种不同的方法：一是分出段落看叙事的起伏转折；二是看情绪的忽悲忽喜，忽而沉潜，忽而飘逸；三是体会全诗音节与韵的变化。再从总的方面看，把悲剧送到仙界上去，更显得那段罗曼史的奇丽清新，而仍富于人间味（如太真对道士说的一番话）。还有白居易写动作的手腕也是了不起：“侍儿扶起娇无力”，“君王掩面救不得”，“九华帐里梦魂惊”几段，都是何等生动！“九重城阙烟尘生，千乘万骑西南行”，写帝王逃难自有帝王气概。“翠华摇摇行复止”，又是多鲜明的图画！最后还有一点妙处：全诗写得如此婉转细腻，却仍不失其雍容华贵，没有半点纤巧之病（细腻与纤巧大不同）！明明是悲剧，而写得不过分的哭哭啼啼，多么中庸有度，这是浪漫底克兼有古典美的绝妙典型。

时间已经很晚，为让你早收到起见，明天先寄此信。我们都引颈而望，只等着你详尽的报告！尤其关于学琴的问题，写得越多越好。

再见了，孩子，一切珍重！

爸爸　七月二十八日午夜

1954.8.11

好孩子：

八月一日的信收到了，今天是十一日，就是说一共只有十天功夫。我们给你的信都有编号：

（波1）七月十九日发 航挂

（波2）七月二十九日发 航挂

（波3）八月八日发 航平

大概大使馆转信不免耽些日子，下次来信希望报告一下收到了哪几封?

你的生活我想象得出，好比一九二九年我在瑞士。但你更幸运，有良师益友为伴，有你的音乐做你崇拜的对象。我二十一岁在瑞士正患着青春期的、浪漫底克的忧郁病：悲观、厌世、彷徨、烦闷、无聊；我在《贝多芬传》译序中说的就是指那个时期。孩子，你比我成熟多了，所有青春期的苦闷，都提前几年，早在国内度过；所以你现在更能够定下心神，发愤为学；不至于像我当年蹉跎岁月，到如今后悔无及。

你的弹琴成绩，叫我们非常高兴。对自己父母，不用怕"自吹自捧"的嫌疑，只要同时分析一下弱点，把别人没说出而自己感觉到的短处也一起告诉我们。把人家的赞美报告我们，是你对我们最大的安慰；但同时必须深深的检讨自己的缺陷。这样，你写的信就不会显得过火；而且这种自我批判的功夫也好比一面镜子，对你有很大帮助。把自己的思想写下来（不管在信中或是用别的方式），比着光在脑中空想是大不同的。写下来需要正确精密的思想，所以写在纸上的自我检讨，格外深刻，对自己也印象深刻。你觉得我这段话对不对?

我对你这次来信还有一个很深的感想。便是你的感觉性极强、极快。这是你的特长，也是你的缺点。你去年一到波兰，弹肖邦的style［风格］立刻变了；回国后却保持不住；这一回一到波兰又变了。这证明你的感受力极快。但是天下事有利必有弊，有长必有短，往往感受快的，不能沉浸得深，不能保持得久。去年时期短促，固然不足为定论，但你至少得承认，你的不容易“牢固执著”是事实。我现在特别提醒你，希望你时时警惕，对于你新感受的东西不要让它浮在感受的表面；而要仔细分析，究竟新感受的东西和你原来的观念、情绪、表达方式有何不同。这是需要冷静而强有力的智力，才能分析清楚的。希望你常常用这个步骤来“巩固”你很快得来的新东西（不管是技术是表达）。长此做去，不但你的演奏风格可以趋于稳定、成熟（当然所谓稳定不是刻板化、公式化）；而且你一般的智力也可大大提高，受到锻炼。孩子，记住这些！深深的记住！还要实地做去！这些话我相信只有我能告诉你。

还要补充几句：弹琴不能徒恃sensation［感觉］，sensibility［感受］。那些心理作用太容易变。从这两方面得来的，必要经过理性的整理、归纳，才能深深的化入自己的心灵，成为你个性的一部分，人格的一部分。当然，你在波兰几年住下来，熏陶的结果，多少也（自然而然的）会把握住精华。但倘若你事前有了思想准备，特别在智力方面多下功夫，那么你将来的收获一定更大更丰富，基础也更稳固。再说得明白些：艺术家天生敏感，换一个地方，换一批群众，换一种精神气氛，不知不觉会改变自己的气质与表达方式。但主要的是你心灵中最优秀最特出的部分，从人家那儿学来的精华，都要紧紧抓住，深深的种在自己性格里，无论何时何地这一部分始终不变。这样你才能把独有的特点培养得厚实。

关于这个问题，我想你听了必有所感，不妨跟我多谈谈。

其次，我不得不再提醒你一句：尽量控制你的感情，把它移到艺术中去。你周围美好的天使太多了，我怕你又要把持不住。你别忘了，你自誓要做几年清教徒的，在男女之爱方面要过几年僧侣生活，禁欲生活的！这一点千万要提醒自己！时时刻刻防自己！一切都要醒悟得早，收篷收得早；不要让自己的热情升高之后再去压制，那时痛苦更多，而且收效也少。亲爱的孩子，无论如何你要在这方面听从我的忠告！爸爸妈妈最不放心的不过是这些。

你记住一句话：青年人最容易给人一个“忘恩负义”的印象。其实他是眼睛望着前面，饥渴一般的忙着吸收新东西，并不一定是“忘恩负义”；但懂得这心理的人很少；你千万不要让人误会。

这几天上海大热，三楼九十六度[1]，我挥汗改译文，仍要到深夜。楼下书房墙壁仍没有干透，一个月内无搬下去的希望。今早一收到你来信，我丢下工作花了一小时写这封信。

孩子，你真是个艺术家，从来想不起实际问题的。怎么连食宿的费用、平日的零用等等，一字不提呢？人是多方面的，做父母的特别关心这些，下次别忘了详细报道。乐谱问题怎样解决？在波兰花一大笔钱买了，会不会影响别的用途？

我要工作了，不再多写。远远的希望你保重，因为你这样快乐，用不着再祝你快乐了！

爸爸　八月十一日午前

妈妈这几日忙得要命，不再附笔了。她只是拿了你的信笑个不停。

---

1. 傅雷习惯用华氏来表述温度，文中“九十六度”约为摄氏35.6度。

1954.9.4

聪，亲爱的孩子：

多高兴，收到你波兰第四信和许多照片，邮程只有九日，比以前更快了一天。看照片，你并不胖，是否太用功，睡眠不足？还是室内拍的照，光暗对比之下显得瘦？又是谁替你拍的？在什么地方拍的，怎么室内有两架琴？又有些背后有竞赛会的广告，是怎么回事呢？通常总该在照片反面写印日期、地方，以便他日查考。

还有一件要紧的小事情：信封上的字别太大，把整个封面都占满了；两次来信，一封是路名被邮票掩去一部分，一封是我的姓名被贴去一只角。因为信封上实在没有地方可贴邮票了。你看看我给你的信封上的字，就可知道怎样才合式。

你的批评精神越来越强，没有被人捧得"忘其所以"，我真快活！你说的脑与心的话，尤其使我安慰。你有这样的了解，才显出你真正的进步。一到波兰，遇到一个如此严格、冷静、着重小节和分析曲体的老师，真是太幸运了。经过他的锻炼，你除了热情澎湃以外，更有个钢铁般的骨骼，使人觉得又热烈又庄严，又有感情又有理智，给人家的力量更深更强！我祝贺你，孩子，我相信你早晚会走到这条路上：过了几年，你的修养一定能够使你的brain［头脑］与heart［情感］保持平衡。你的性灵越发掘越深厚、越丰富，你的技巧越磨越细，两样凑在一处，必有更广大的听众与批评家会欣赏你。孩子，我真替你快活。

你此次上台紧张，据我分析，还不在于场面太严肃——去年在罗京比赛不是一样严肃得可怕吗？主要是没先试琴，一上去听见tone［声音］大，已自吓了一跳；touch［触键］不平均，又吓了一跳；pedal［踏板］不好，再吓了一跳。这三个刺激是你二十日上台紧张的最大原因。你说是不是？所以今后你切须牢记，除非是上台比赛，谁也不能先去摸琴，否则无论在私人家或在同学演奏会中，都得先试试touch［触键］与pedal［踏板］。我相信下一回你决不会再nervous［紧张］的。

大家对你的欣赏，妈妈一边念信一边直淌眼泪。你瞧，孩子，你的成功给我们多大的欢乐！而你的自我批评更使我们喜悦得无可形容。

要是你看我的信，总觉得有教训意味，仿佛父亲老做牧师似的；或者我的一套言论，你从小听得太熟，耳朵起了茧；那么希望你从感情出发，体会我的苦心；同时更要想到：只要是真理，是真切的教训，不管出之于父母或朋友之口，出之于熟人生人，都得接受。别因为是听腻了的，无动于衷，当作耳边风！你别忘了：你从小到现在的家庭背景，不但在中国独一无二，便是在世界上也很少很少。哪个人教育一个年轻的艺术学生，除了艺术以外，再加上这么多的道德的？我完全信任你，我多少年来播的种子，必有一日在你身上开花结果——我指的是一个德艺俱备、人格卓越的艺术家！

你的随和脾气多少得改掉一些。对外国人比较容易，有时不妨直说：我有事，或者：我要写家信。艺术家特别需要冥思默想。老在人堆里（你自己已经心烦了），会缺少反省的机会；思想、感觉、感情也不能好好的整理、归纳。

Krakow［克拉可夫］是一个古城，古色古香的街道，教堂、桥，都是耐人寻味的。清早、黄昏、深夜，在这种地方徘徊必另有一番感触，足以做你诗情画意的材料。我从前住在法国内地一个古城里，叫做Peitier［贝迪艾尔］，十三世纪的古城，那种古文化的气息至今不忘，而且常常梦见在那儿踯躅。北欧哥特式（Gothique）建筑，Krakow一定不少，也是有特殊风格的。我恨不得飞到你身畔，和你一同赏玩呢！倘有什么风景片（那到处都有卖，很便宜的），不妨写上地名，作明信片寄来。

到K城后，你的按月零用拿到多少？在海滨一个月，恐怕钱不够花吧？

阿敏已开学，功课之外加上提琴，已忙得不可开交，何来时间学乐理呢？想想他真可怜。他不像你，他童年比你快乐，少年时代却不及你幸运了。现在要补的东西太多了。诗、国文，特别要补。暑中他看了《约翰·克利斯朵夫》，摘下来不懂的phrase［习语］共有几百之多；去夏念《邦斯舅舅》也是如此。我就在饭后半小时内替他解释，不知解释了多少回才全部解决。一般青年都感到求知欲极旺，根底太差，一下子补又补不起来的苦闷。

这几日因为译完了服尔德，休息几天，身心都很疲倦。夏天工作不比平时，格外容易累人。煦良平日谈翻译极有见解，前天送来万余字精心苦练过的译稿要我看看，哪知一塌糊涂。可见理论与实践距离之大！北京那位苏联戏剧专家老是责备导演们："为什么你们都是理论家，为什么不提提具体问题？"我真有同感。三年前北京《翻译通报》几次要我写文章，我都拒绝了，原因即是空谈理论是没用的，主要是自己动手。

好了，让我歇歇吧，这封信写了两天才写完。我信上的地址倘有错误，望速来信纠正。勃隆斯丹太太那儿，我最近去信，把你的情形报告一番，让她也欢喜欢喜。一切保重！

爸爸　九月四日

1954.9.28

聪：

你九月十三日信中，说到克拉可夫后，没接到过家信，我疑心（波5、6、7）三信都遗失了，想想非常不高兴。那些信都是我跟妈妈花了好多心血写的，其中也报告你许多新闻，有琐碎的杂事，也有国家大事。你可曾向音乐院的门房或秘书处去问过呢？你人还未到，可能丢在学校不知哪一部分的办公室里，搁到今天。

我们常常想写信给你，只愁没有材料，因而搁笔；你材料很多，却不大告诉我们。譬如从海边回来，在华沙好像就耽了四五天，那个时期内你做了些什么？在华沙遇到什么人？你出国途中，在莫斯科遇到巴金先生；他在八月中旬回到上海，当天就打电话来告诉我，而你却从来没提及。当然，那一段时间你是忙得不得了，无暇作那些回想。

近来又翻出老舍的《四世同堂》看看，发觉文字的毛病很多，不但修辞不好，上下文语气不接的地方也很多。还有是硬拉硬扯，啰哩啰嗦，装腔作势，前几年我很佩服他的文章，现在竟发现他毛病百出。可见我不但对自己的译文不满，对别人的创作也不满了。翻老舍的小说出来，原意是想学习，结果找不到什么可学的东西。

我暑中腰酸了快两个月，坐了一会儿站起来，就挺不直，情形像五〇年夏天，只是略好一些。最近又重伤风，精神很差，工作的持久力大减，想想也急得很。人真是太容易衰老了！照此情形，不知还有几年工作可做！

我们很关心你最近的生活，学校何时开学？你的课是否要等音院开课时再上？Drzewiecki［杰维茨基］教授山上避暑回来没有？到克拉科夫以后的膳食，比海滨如何？零用钱多少？吃饭是怎么的？是否在校外，上饭店？将来开学后又怎样？所有的行李是否都在身边了？妈妈说，你的衣服应轮着穿，可以持久，尤其是西装裤！西装切忌多洗，容易走样，缩小缩短；那可是损失大了！

我又想到一点，你上台弹琴，常常有咬嘴唇的习惯，望注意改掉。

最近全国人代大会在京开会，选出了主席副主席；国庆又近，来参加观礼的听说有几十个国家。上海秋高气爽，正是一年最好的时节，可怜我身体不行，工作又拖得很慢，不能再出去松散了。

平日没有一天不想到你，只是痴痴的等你的信，虽然知道你忙，不到十天左右休想有信，但心里总禁不住存着希望。

外婆还住在我家，可是不但精神麻木已极，连相貌也变得不像从前了。看看这种老态，想到自己也在一天天的往这条路上走，不禁黯然！

爸爸　九月二十八日夜

1954.10.2

聪，亲爱的孩子：

收到九月二十二日晚发的第六信，很高兴。我们并没为你前信感到什么烦恼或是不安。我在第八信中还对你预告，这种精神消沉的情形，以后还是会有的。我是过来人，决不至于大惊小怪。你也不必为此耽心，更不必硬压在肚里不告诉我们。心中的苦闷不在家信中发泄，又哪里去发泄呢？孩子不向父母诉苦向谁诉呢？我们不来安慰你，又该谁来安慰你呢？人一辈子都在高潮低潮中浮沉，惟有庸碌的人，生活才如死水一般；或者要有极高的修养，方能廓然无累，真正的解脱。只要高潮不过分使你紧张，低潮不过分使你颓废，就好了。太阳太强烈，会把五谷晒焦；雨水太猛，也会淹死庄稼。我们只求心理相当平衡，不至于受伤而已。你也不是栽了筋斗爬不起来的人。我预料国外这几年，对你整个的人也有很大的帮助。

这次来信所说的痛苦，我都理会得；我很同情，我愿意尽量安慰你、鼓励你。克利斯朵夫不是经过多少回这种情形吗？他不是一切艺术家的缩影与结晶吗？慢慢地，你会养成另外一种心情对付过去的事：就是能够想到而不再惊心动魄，能够从客观的立场分析前因后果，做将来的借鉴，以免重蹈覆辙。一个人惟有敢于正视现实，正视错误，用理智分析，彻底感悟，终不至于被回忆侵蚀。我相信你逐渐会学会这一套，越来越坚强的。我以前在信中和你提过感情的ruin［创伤，覆灭］，就是要你把这些事当做心灵的灰烬看，看的时候当然不免感触万端，但不要刻骨铭心的伤害自己，而要像对着古战场一般的存着凭吊的心怀。倘若你认为这些话是对的，对你有些启发作用，那么将来在遇到因回忆而痛苦的时候（那一定免不了会再来的），拿出这封信来重读几遍。

说到音乐的内容，非大家指导见不到高天厚地的话，我也有另外的感触，就是学生本人先要具备条件：心中没有的人，再经名师指点也是枉然的。

你说的那波兰钢琴家，即使到上海表演，也不一定能听到。这种演奏会的票子，都由外宾招待会掌握；我还没打听到哪个机构是管那个部门的，也许是直属中央的。还有一点，现在这一类的音乐会，电台并不转播；直要等到有重大节日才播送钢丝录音。例如前一晌罗马尼亚的小提琴家来，和乐队弄了两支violin concerto［小提琴协奏曲］，今天十月初二的国庆特别节目，上海电台才播送他的录音。

北京找林伯伯去参加特别演出，同时中央歌舞团要他讲学，并训练明年出国的一部分合唱队中唱solo［独唱］的人。他下星期一动身，约须留京三个到四个月。北京到了不少国家的艺术团，其中就有波兰的，想必你说的那位女钢琴家即在团体内。

你要《英汉辞典》，已经叫妈妈到旧书店去找；因为不要太厚太大，你在外面用不方便，故不把昆明带回的那一册给你。日内大概即可寄出。

为了你，我前几天已经在《大英百科辞典》上找Krakow［克拉可夫］那一节看了一遍，知道那是七世纪就有的城市，从十世纪起，城市的历史即很清楚。城中有三十余所教堂。希望你买一些明信片，并成一包，当印刷品（不必航空）寄来，让大家看看喜欢一下。

下一封信里，大概可以知道你月初在华沙演奏的成绩了。据今日的信，大概（波5）一信你没收到，那是妈妈写的长信。她说："真倒霉！"

上海已经秋凉了，你那儿的气候如何？地理书上说波兰是大陆气候，寒暑都有极端。你现在穿些什么衣服？

你练的*Concerto*［《协奏曲》］是否仍是以前练开头的一支？成绩如何？

不要太紧张，比赛的事不要计较太厉害。“我尽我心”，别的任凭天命。精神松散，效果反而好。

祝你快乐！

爸爸　十月二日

1954.10.19／22

好孩子：

十七天不接来信，有点着急，不知身体怎么样？你月初到华沙去为我们的国庆演出以后，始终没有信，结果如何？近来又忙哪几支曲子？练的成绩怎样？教授满意吗？有新的批评，有新毛病提出吗？

星期日（十七）出去玩了一天。上午到博物馆去看古画，看商周战国的铜器等等；下午到文化俱乐部（即从前的法国总会，兰心斜对面）参观华东参加全国美展的作品预展。结果看得连阿敏都频频摇头，连喊吃不消。大半是月份牌式，其幼稚还不如好的广告画。漫画木刻之幼稚，不在话下。其余的几个老辈画家，也是轧时髦，涂抹一些光光滑滑的，大幅的着色明信片，长至丈余，远看也像舞台布景，近看毫无笔墨。伦伦的爸爸在黄宾虹画展中见到我，大为亲热。这次在华东出品全国的展览中，有两张油画，两张国画。国画仍是野狐禅，徒有其貌，毫无精神，一味取巧，骗人眼目；画的黄山峭壁，千千万万的线条，不过二三寸长的，也是败笔，而且是琐琐碎碎连接起来的，毫无生命可言。艺术品是用无数"有生命力"的部分，构成一个一个有生命的总体。倘若拿描头画角的匠人功夫而欲求全体有生命，岂非南辕北辙？那天看了他的作品，我就断定他这一辈子的艺术前途完全没有希望了。我几十年不见他的作品，原希望他多少有些进步，不料仍是老调。而且他的油画比以前还退步，笔触谈不到，色彩也俗不可耐，而且俗到出乎意外。可见一个人弄艺术非真实、忠诚不可。他一生就缺少这两点，可以嘴里说得天花乱坠，实际上从无虚怀若谷的谦德，更不肯下苦功研究。今春他到黄山去住了两个多月，一切都有公家招待，也算画了几十件东西回来；可是内容如此，大大辜负了政府的好意了。

昨晚去听了德国艺术代表团的音乐会。上月我给夏衍去了一信，要求他叫电台当场广播，以便广大的音乐爱好者能够与外来的艺术成就接触；所谓文化交流，不能限于干部，决不该与人民脱离。这信去后，昨天外宾招待会居然送了五张票来，如此阔气，真是难得。于是我们一家三口，带了恩德都去听了；成绩很好，但也不算了不起。唱的两位女高音，其中一个声音带沙。全部讲起来，钢琴伴奏最好（他是柏林歌剧院的伴奏）。共同的长处是细腻，唱与四重奏都是如此，可以说都是“轻功”的表现。一个女高音在encore［返场］时唱《纺棉纱》，一个encore时唱《在那遥远的地方》，感情都比国人唱得丰富，多变化，而且细腻。

十月十九日夜

柯子歧送来奥艾斯脱拉赫与奥勃的Franck［弗兰克］，借给我们听。第一个印象是太火爆，不够Franck味。volume［音量］太大，而melody［旋律］应付得太粗糙。第三章不够神秘味儿；第四章violin［小提琴］转弯处显然出了角，不圆润，连我都听得很清楚。piano［钢琴］也有一个地方，tone［音调］的变化与上面不调和。后来又拿出Thibaud-Cortot［狄博与科托特］来一比，更显出这两人的修养与了解。有许多句子结尾很轻（指小提琴部分）很短，但有一种特别的气韵，我认为便是弗兰克的“隐忍”与“舍弃”精神的表现。这一点在俄国演奏家中就完全没有。我又回想起你和韦前年弄的时候，大家听过好几遍Thibaud-Cortot的唱片，都觉得没有什么可学的；现在才知道那是我们的程度不够，体会不出那种深湛、含蓄、内在的美。而回忆之下，你的piano part［钢琴部分］也弹得大大的过于romantic［浪漫］。T.C.的演奏还有一妙，是两样乐器很平衡。苏联的是violin压倒piano，不但volume如此，连music［音乐］也是被小提琴独占了。我从这一回听的感觉来说，似乎奥艾斯脱拉赫的tone太粗豪，不宜于拉十分细腻的曲子。下次信来希望你报告我们，在这方面努力的结果如何。

十九日夜又书

昨天尚宗[1]打电话来，约我们到他家去看作品，给他提些意见。话说得相当那个，不好意思拒绝。下午三时便同你妈妈一起去了。他最近参加华东美展落选的油画《洛神》，和以前画佛像、观音等等是一类东西。面部既没有庄严沉静的表情（《观音》），也没有出尘绝俗的世外之态（《洛神》），而色彩又是既不强烈鲜明，也不深沉含蓄。显得作者的思想只是一些莫名其妙的烟雾，作者的情绪只是混混沌沌的一片无名东西。我问："你是否有宗教情绪，有佛教思想？"他说："我只喜欢富丽的色彩，至于宗教的精神，我也曾从佛教画中追寻他们的天堂等等的观念。"我说："他们是先有了佛教思想，佛教情绪，然后求那种色彩来表达他们那种思想与情绪的。你现在却是倒过来。而且你追求的只是色彩，而你的色彩又没有感情的根源。受外来美术的影响是免不了

---

1. 吴尚宗，傅雷曾任教上海美术专科学院的学生。

的，但必须与一个人的思想感情结合。否则徒袭形貌，只是作别人的奴隶。佛教画不是不可画，而是要先有强烈、真诚的佛教感情，有佛教人生观与宇宙观。或者是自己有一套人生观宇宙观，觉得佛教美术的构图与色彩恰好表达出自己的观念情绪，借用人家的外形，这当然可以。倘若单从形与色方面去追求，未免舍本逐末，犯了形式主义的大毛病。何况即以现代欧洲画派而论，纯粹感官派的作品是有极强烈的刺激感官的力量的。自己没有强烈的感情，如何教看的人被你的作品引起强烈的感情？自己胸中的境界倘若不美，人家看了你作品怎么会觉得美？你自以为追求富丽，结果画面上根本没有富丽，只有俗气乡气；岂不说明你的情绪就是俗气乡气？（当时我措辞没有如此露骨。）唯其如此，你虽犯了形式主义的毛病，连形式主义的效果也丝毫产生不出来。”

我又说："神话题材并非不能画，但第一，跟现在的环境距离太远；第二，跟现在的年龄与学习阶段也距离太远。没有认清现实而先钻到神话中去，等于少年人醇酒妇人的自我麻醉，对前途是很危险的。学西洋画的人第一步要训练技巧，要多看外国作品，其次要把外国作品忘得干干净净—— 这是一件很艰苦的工作—— 同时再追求自己的民族精神与自己的个性。”

以尚宗的根基来说，至少再要在人体化五年十年工夫才能画理想的题材，而那时是否能成功，还要看他才具而定。后来又谈了许多整个中国绘画的将来问题，不再细述了。总之，我很感慨，学艺术的人完全没有准确的指导。解放以前，上海、杭州、北京三个美术学校的教学各有特殊缺点，一个都没有把艺术教育用心想过、研究过。解放以后，成天闹思想改造，而没有击中思想问题的要害。许多有关根本的技术训练与思想启发，政治以外的思想启发，不要说没人提过，恐怕脑中连影子也没有人有过。

学画的人事实上比你们学音乐的人，在此时此地的环境中更苦闷。先是你们有唱片可听，他们只有些印刷品可看；印刷品与原作的差别，和唱片与原演奏的差别，相去不可以道里计。其次你们是讲解西洋人的著作（以演奏家论），他们是创造中国民族的艺术。你们即使弄作曲，因为音乐在中国是处女地，故可以自由发展；不比绘画有一千多年的传统压在青年们精神上，缚手缚脚。你们不管怎样无好先生指导，至少从小起有科学方法的训练，每天数小时的指法练习给你们打根基；他们画素描先在时间上远不如你们的长，顶用功的学生也不过画一二年基本素描，其次也没有科学方法帮助。出了美术院就得“创作”，不创作就谈不到有表现；而创作是解放以来整个文艺界，连中欧各国在内，都没法找出路（心理状态与情绪尚未成熟，还没到瓜熟蒂落、能自然而然找到适当的形象表现）。

从胡尚宗家回来，就看到你的信与照片，今晨又收到大照片二张。

你的比赛问题固然是重负，但无论如何要做一番思想准备。只要尽量以得失置之度外，就能心平气和，精神肉体完全放松，只有如此才能希望有好成绩。这种修养趁现在做起还来得及，倘若能常常想到“文章千古事，得失寸心知”的名句，你一定会精神上放松得多。惟如此才能避免过度的劳顿与疲乏的感觉。最磨折人的不是脑力劳动，也不是体力劳动（那种疲乏很容易消除，休息一下就能恢复精力），而是操心（worry）！孩子，千万听我的话。

下功夫叫自己心理上松动，包管你有好成绩。紧张对什么事都有弊无利。从现在起，到比赛，还有三个多月，只要凭“愚公移山”的意志，存着“我尽我心”的观念；一紧张就马上叫自己宽弛，对付你的精神要像对付你的手与指一样，时时刻刻注意放松，我保证你明年会成功。这个心理卫生的功夫对你比练琴更重要，因为练琴的成绩以心理的状态为基础，为主要条件！你要我们少为你操心，也只有尽量叫你放松。这些话你听了一定赞成，也一定早想到的，但要紧的是实地做去，而且也要跟自己斗争；斗争的方式当然不是紧张，而是冲淡，而是多想想人生问题，宇宙问题，把个人看得渺小一些，那么自然会减少患得患失之心，结果身心反而舒泰，工作反而顺利！下次信来，希望你报告我们，在这方面努力的结果如何。

平日你不能太忙。人家拉你出去，你事后要补足功课，这个对你精力是有妨碍的。还是以练琴的理由，多推辞几次吧。要不紧张，就不宜于太忙；宁可空下来自己静静的想想，念一两首诗玩味一下。切勿一味重情，不好意思。工作时间不跟人出去，做成了习惯，也不会得罪人的。人生精力有限，谁都只有二十四小时；不是安排得严密，像你这样要弄坏身体的，人家技巧不需苦练，比你闲，你得向他们婉转说明。这一点上，你不妨常常想起我的榜样，朋友们也并不怪怨我呀。

大照片中有一张笑的，露出牙齿，中间偏左有一个牙短了一些，不知是何道理？难道摔过跤撞折了一些吗？望来信告知，免我惦念。

我跟妈妈常梦见你回来，清清楚楚知道你只回来一两天，有一次我梦中还问你，能不能把肖邦的*Fantasy*［《幻想曲》］弹一遍给我听，“一定大不相同”，我说。

没工夫写长信的事，并非不可解决。你看我这封信就是分几次写成的，而我的忙也不下于你，你是知道的。

一切保重，时时把心理放松，千万勿紧张！

爸爸　十月二十二日晨

1954.11.23

聪，亲爱的孩子：

多少天的不安，好几夜三四点醒来睡不着觉，到今日才告一段落。你的第八信和第七信相隔整整一个月零三天。我常对你妈说："只要是孩子工作忙而没写信或者是信在路上丢了，倒也罢了。我只怕他用功过度，身体不舒服，或是病倒了。"谢天谢地！你果然是为了太忙而少写信。别笑我们，尤其别笑你爸爸这么容易着急。这不是我能够克制的。天性所在，有什么办法？以后若是太忙，只要寥寥几行也可以，让我们知道你平安就好了。等到稍空时，再写长信，谈谈一切音乐和艺术的问题。

你为了俄国钢琴家兴奋得一晚睡不着觉；我们也常常为了些特殊的事而睡不着觉。神经锐敏的血统，都是一样的；所以我常常劝你尽量节制。那钢琴家是和你同一种气质的，有些话只能加增你的偏向。比如说每次练琴都要让整个人的感情激动。我承认在某些romantic［浪漫］性格，这是无可避免的；但"无可避免"并不一定就是艺术方面的理想；相反，有时反而是一个大累！为了艺术的修养，在heart［情感］过多的人还需要尽量自制。中国哲学的理想，佛教的理想，都是要能控制感情，而不是让感情控制。假如你能掀动听众的感情，使他们如醉如狂，哭笑无常，而你自己屹如泰山，像调度千军万马的大将军一样不动声色，那才是你最大的成功，才是到了艺术与人生的最高境界。你该记得贝多芬的故事，有一回他弹完了琴，看见听的人都流着泪，他哈哈大笑道："嘿！你们都是傻子。"艺术是火，艺术家是不哭的。这当然不能一蹴即成，尤其是你，但不能不把这境界作为你终生努力的目标。罗曼·罗兰心目中的大艺术家，也是这一派。

关于这一点，最近几信我常与你提到，你认为怎样？

我前晌对恩德说："音乐主要是用你的脑子，把你朦朦胧胧的感情（对每一个乐曲，每一章，每一段的感情）分辨清楚，弄明白你的感觉究竟是怎么一回事；等到你弄明白了，你的境界十分明确了，然后你的technic［技巧］自会跟踪而来的。"你听听，这话不是和Richter［里赫特］说的一模一样吗？我很高兴，我从一般艺术上了解的音乐问题，居然与专门音乐家的了解并无分别。

技巧与音乐的宾主关系，你我都是早已肯定了的；本无须逢人请教，再在你我之间讨论不完，只因为你的技巧落后，存了一个自卑感，我连带也为你操心；再加近两年来国内为什么school［学派］，什么派别，闹得惶惶然无所适从，所以不知不觉对这个问题特别重视起来。现在我深信这是一个魔障，凡是一天到晚闹技巧的，就是艺术工匠而不是艺术家。一个人跳不出这一关，一辈子也休想梦见艺术！艺术是目的，技巧是手段：老是只注意手段的人，必然会忘了他的目的。甚至一些有名的virtuoso［艺术大师］也犯这个毛病，不过程度高一些而已。

你到处的音乐会，据我推想，大概是各地的音乐团体或是交响乐队来邀请的，因为十一月至明年四五月是欧洲各地的音乐节。你是个中国人，能在Chopin［肖邦］的故国弹好Chopin，所以他们更想要你去表演。你说我猜得对不对？

昨晚陪你妈妈去看了昆剧：比从前差多了。好几出戏都被"戏改会"改得俗滥，带着绍兴戏的浅薄的感伤味儿和骗人眼目的花花绿绿的行头。还有是太卖弄技巧（武生）。陈西禾也大为感慨，说这个才是

“纯技术观点”。其实这种古董只是音乐博物馆与戏剧博物馆里的东西，非但不能改，而且不需要改。它只能给后人作参考，本身已没有前途，改它干吗？改得好也没意思，何况是改得“点金成铁”！

楼伯伯到印度当访问文艺团团员去了，两月后方回来。国内正大闹《红楼梦》问题，批判俞平伯观点，与当年批《武训传》有同一趋势。

你各处音乐会的节目能随时寄些来，让我们高兴高兴吗？（不寄节目来，则望将作品写下，我在家替你作记录的。）只要你写个信封，在节目单上写上年月，及演奏情况，四五行即可。你一举手，我们得到的快乐已经是无可形容的了！

孩子，一切珍重！附照片，望保存，其中一张黄宾虹像尤其要留着。

爸爸　十一月二十三日夜

来信信封上的字，写小一些，免得名字被邮戳盖没。你穿过大礼服上台没有？脚上冻疮有没有？手上还需要涂石蜡油吗？

孩子，接到你的信，兴奋非凡，那种激动，是无法形容的，我甚至滚下泪来，你的进步，就是我们的光荣！我在这里默祷你的身心康健，但愿你多写信来，让我们同乐！

妈妈

1954.12.27

亲爱的孩子：

十八日收到节目单、招贴、照片及杰老师的信，昨天（二十六日）又收到你的长信（这是你第九封），好消息太多了，简直来不及，不知欢喜了哪一样好！妈妈老说："想起了小团，心里就快活！"好孩子，你太使人兴奋了。

一天练出一个concerto［协奏曲］的三个乐章带cadenza［华彩乐段］，你的technic［技巧］和了解，真可以说是惊人。你上台的日子还要练足八小时以上的琴，也叫人佩服你的毅力。孩子，你真有这个劲儿，大家说还是像我，我听了好不flattered［荣幸］！不过身体还得保重，别为了多争半小时一小时，而弄得筋疲力尽。从现在起，你尤其要保养得好，不能太累，休息要充分，常常保持fresh［振奋］的精神。好比参加世运的选手，离上场的日期愈近，身心愈要调养得健康，精神饱满比什么都重要。所谓The first prize is always "luck"［头奖总是"碰运气的"］这句话，一部分也是这个道理。目前你的比赛节目既然差不多了，technic［技巧］、pedal［踏板］也解决了，那更不必过分拖累身子！再加一个半月的琢磨，自然还会百尺竿头，更进一步；你不用急，不但你有信心，老师也有信心，我们大家都有信心：主要仍在于心理修养，精神修养，存了"得失置之度外""胜败兵家之常"那样无挂无碍的心，包你没有问题的。第一，饮食寒暖要极小心，一点儿差池不得。比赛以前，连小伤风都不让它有，那就行了。

到波兰五个月，有这样的进步，恐怕你自己也有些出乎意外吧。李先生今年一月初说你：gains come with maturity［成熟带来进步］，真对。勃隆斯丹过去那样赏识你，也大有先见之明。还是我做父亲的比谁都保留，其实我也是expect the worst，hope for the best［做最坏的打算，期待最好的结果］。我是你的舵工，责任最重大；从你小时候起，我都怕好话把你宠坏了。现在你到了这地步，样样自己都把握得住，我当然不再顾忌，要跟你说：我真高兴，真骄傲！中国人气质，中国人灵魂，在你身上和我一样强，我也大为高兴。

还要打听你一件事：上次匈牙利小提琴家（音乐院院长）演奏，从头至尾都是拿出谱来拉的；我从前在欧洲从未见过，便是学生登台也没有这样的事；不知你在波兰见过这等例子吗？不妨问问人家。我个人总觉得"差些劲"。周伯伯前晌谈到朗读诗歌，说有人看了原文念，那是念不好的；一定要背，感情才浑成。我觉得这话很有见地。诗歌朗诵尚且如此，何况弹琴、拉琴！我自己教恩德念诗，也有这经验。凡是空口背而念的，比看着原作念的，精神更一贯，情绪更丰富。

你现在手头没有散文的书（指古文），《世说新语》大可一读。日本人几百年来都把它当作枕中秘宝。我常常缅怀两晋六朝的文采风流，认为是中国文化的一个高峰。

《人间词话》，青年们读得懂的太少了；肚里要不是先有上百首诗，几十首词，读此书也就无用。再说，目前的看法，王国维的美学是"唯心"的；在此俞平伯"大吃生活"之际，王国维也是受批判的对象。其实，唯心唯物不过是一物之两面，何必这样死拘！我个人认为中国有史以来，《人间词话》是最好的文学批评。开发性灵，此书等于一把金钥匙。一个人没有性灵，光谈理论，其不成为现代学究、当世腐儒、八股专家也鲜矣！为学最重要的是"通"，通才能不拘泥，不迂腐，不酸，不八股；“通”才能培养气节、胸襟、目光；“通”才能成为“大”，不大不博，便有坐井观天的危险。我始终认为弄学问也好，弄艺术也好，顶要紧是humain［人（法语）］，要把一个“人”尽量发展，没成为某某家某某家以前，先要学做人；否则那种某某家无论如何高明也不会对人类有多大贡献。这套话你从小听腻了，再听一遍恐怕更觉得烦了。

二十五日我刚把巴尔扎克的《于絮尔·弥罗埃》初译译完，加上修改、誊正等等，大概全部完成也要在二三月中。等你比赛结束时我的工作也告一段落。下一部仍是服尔德的两个中篇。再下一部又是巴尔扎克，那要到明年年底完工的了。

妈妈说你的信好像满纸都是sparkling［闪耀的］。当然你浑身都是青春的火花，青春的鲜艳，青春的生命、才华，自然写出来的有那么大的吸引力了。我和妈妈常说，这是你一生之中的黄金时代，希望你好好的享受、体验，给你一辈子做个最精彩的回忆的底子！眼看自己一天天的长大成熟，进步，了解的东西一天天的加多，精神领域一天天的加阔，胸襟一天天的宽大，感情一天天的丰满深刻：这不是人生最美满的幸福是什么！这不是最隽永最迷人的诗歌是什么！孩子，你好福气！

你挣了这许多钱，应该小心处理。我知道你不会乱花，也没时间出外花钱；但理财不是你的擅长，究竟自己要警惕一些。想法积一点，将来买架好琴。你打听过没有，波兰一架好琴要多少钱？

我们最遗憾的是听不到你弹琴，没法在比赛时到波兰去。不知将来会有一天大使馆（或波兰文化部）把你的录音寄回来吗？妈妈已经说过好几次，等日后你回国，要到北京去接你，到北京去先听你弹琴。你看我们做着多少好梦啊！

前二月，昆明一个不相干的熟人（为了翻译问题）来信说，波兰代表团到昆明时也提到你。那么几年（不过四年！）前昆明一般朋友对你的热情和帮助也算没白费，他们心里一定会想："我们没看错！也没白忙。"你这也算报答了他们的盛意。这样报答知己才是最有意义的！

克拉可夫音乐会的节目仍望寄来，招贴不一定要，以省航空费（或是把招贴作平信寄，就便宜多了，因为那是印刷品——节目仍要信里寄），一月份你还有别的演出没有？

最后，还要传令嘉奖你一件事：这次来信也报告了日常生活，我们特别有兴趣，而且也更加放心了。谢天谢地，波兰居然不太冷。不过你得防着正二月，在欧洲，正二月才是最冷的季节。

好了，下次再谈。这封信花了我一小时零十分。

祝你进步无疆，希望处处保重。

爸爸　十二月二十七日

妈妈完全同意我的"家庭报告"，没时间再写了，她说。话也给我说完了。她只是左一声"开心呀"右一声"开心呀"！

告诉老师，说他的信收到了，谢谢他的affectionate letter［充满感情的信］，外国人很重这种礼貌，别忘了。再代我祝他健康，稍迟再有信给他。再有机会时，把Eva［埃娃］地址写来！

多的钱应该存银行，自己不会办，可请熟朋友例如斯曼齐安卡，陪你去办；她有家庭，她自己不懂，家里人至少也能代你出主意。千万勿放在身边或箱内，究竟防着一些为要！

一九五五年

1955年3月，傅聪作为唯一的中国选手，在第五届肖邦国际钢琴比赛中闯入三甲。这是东方人第一次在该大赛中取得优异成绩，远隔重洋的傅雷夫妇为之喜悦难眠。

1955.1.26

亲爱的孩子：

元旦一手扶杖，一手搭在妈妈肩上，试了半步，勉强可走，这两日也就半坐半卧。但和残废一样，事事要人服侍，单独还是一步行不得。大概再要养息一星期方能照常。

早预算新年中必可接到你的信，我们都当作等待什么礼物一般的等着。果然昨天早上收到你（波11）来信，而且是多少可喜的消息。孩子！要是我们在会场上，一定会禁不住涕泗横流的。世界上最高的最纯洁的欢乐，莫过于欣赏艺术，更莫过于欣赏自己的孩子的手和心传达出来的艺术！其次，我们也因为你替祖国增光而快乐！更因为你能借音乐而使多少人欢笑而快乐！想到你将来一定有更大的成就，没有止境的进步，为更多的人更广大的群众服务，鼓舞他们的心情，抚慰他们的创痛，我们真是心都要跳出来了！能够把不朽的大师的不朽的作品发扬光大，传布到地球上每一角落去，真是多神圣、多光荣的使命！孩子，你太幸福了，天待你太厚了。我更高兴的更安慰的是：多少过分的谀词与夸奖，都没有使你丧失自知之明，众人的掌声、拥抱，名流的赞美，都没有减少你对艺术的谦卑！总算我的教育没有白费，你二十年的折磨没有白受！你能坚强（不为胜利冲昏了头脑是坚强的最好的证据），只要你能坚强，我就一辈子放心！成就的大小、高低，是不在我们掌握之内的，一半靠人力，一半靠天赋，但只要坚强，就不怕失败，不怕挫折，不怕打击—— 不管是人事上的，生活上的，技术上的，学习上的——

打击；从此以后你可以孤军奋斗了。何况事实上有多少良师益友在周围帮助你，扶掖你。还加上古今的名著，时时刻刻给你精神上的养料！孩子，从今以后，你永远不会孤独的了，即使孤独也不怕的了！

赤子之心这句话，我也一直记住的。赤子便是不知道孤独的。赤子孤独了，会创造一个世界，创造许多心灵的朋友！永远保持赤子之心，到老也不会落伍，永远能够与普天下的赤子之心相接相契相抱！你那位朋友说得不错，艺术表现的动人，一定是从心灵的纯洁来的！不是纯洁到像明镜一般，怎能体会到前人的心灵？怎能打动听众的心灵？

斯曼齐安卡说的肖邦协奏曲的话，使我想起前二信你说Richter［里赫特］弹柴可夫斯基的协奏曲的话。一切真实的成就，必有人真正的赏识。

音乐院院长说你的演奏像流水、像河；更令我想到克利斯朵夫的象征。天舅舅说你小时候常以克利斯朵夫自命；而你的个性居然和罗曼·罗兰的理想有些相像了。河，莱茵，江声浩荡……钟声复起，天已黎明……中国正到了“复旦”的黎明时期，但愿你做中国的——新中国的——钟声，响遍世界，响遍每个人的心！滔滔不竭的流水，流到每个人的心坎里去，把大家都带着，跟你一块到无边无岸的音响的海洋中去吧！名闻世界的扬子江与黄河，比莱茵的气势还要大呢！……黄河之水天上来，奔流到海不复回！……无边落木萧萧下，不尽长江滚滚来！……有这种诗人灵魂的传统的民族，应该有气吞牛斗的表现才对。

你说常在矛盾与快乐之中，但我相信艺术家没有矛盾不会进步，不会演变，不会深入。有矛盾正是生机蓬勃的明证。眼前你感到的还不过是技巧与理想的矛盾，将来你还有反复不已更大的矛盾呢：形式与内容的枘凿，自己内心的许许多多不可预料的矛盾，都在前途等着你。别担心，解决一个矛盾，便是前进一步！矛盾是解决不完的，所以艺术没有止境，没有perfect［完美］的一天，人生也没有perfect的一天！惟其如此，才需要我们日以继夜，终生的追求、苦练；要不然大家做了羲皇上人，垂手而天下治，做人也太腻了！

大礼服究竟做了没有？做好了马上得穿上硬衬衫，戴上硬领，关起门来练二三天琴（当然礼服也要穿在身上）。平日我们穿了不做事也怪拘束，一切动作皆不如意。弹琴更苦。我前几封信老问你大礼服的事，便是担心这一点。事前一定要在家试穿好几次，穿了练琴，习惯以后方能上台。要不然临时要吃大苦的。孩子，千万记住！这与你的比赛成绩有关，马虎不得！

第二件事要提醒你：比赛规则上写明，初、复、决三次的分数，最后要加起来总平均的。也许你未细看规则，故特别和你一提。

比赛期间，你当然忙；但若能于每个阶段完毕时来一份信，报告一下演奏情形及别人的成绩，我们是当作宝贝看的。有些细节，日子久了会忘掉；在比赛中间告一段落时写，也是保存材料之一法。

手套收到没有？

祝你快乐！

爸爸　一月二十六日　元月初三

1955.3.20

聪，亲爱的孩子：

期待了一个月的结果终于揭晓了，多少夜没有好睡，十九日晚更是神思恍惚，昨（二十日）夜为了喜讯过于兴奋，我们仍没睡着。先是昨晚五点多钟，马太太从北京来长途电话；接着八时许无线电报告（仅至第五名为止），今晨报上又披露了十名的名单。难为你，亲爱的孩子！你没有辜负大家的期望，没有辜负祖国的寄托，没有辜负老师的苦心指导，同时也没辜负波兰师友及广大群众这几个月来对你的鼓励！

也许你觉得应该名次再前一些才好，告诉我，你是不是有“美中不足”之感？可是别忘了，孩子，以你离国前的根基而论，你七个月中已经做了最大的努力，这次比赛也已经do your best［竭尽所能］。不但如此，这七个月的成绩已经近乎奇迹。想不到你有这么些才华，想不到你的春天来得这么快，花开得这么美，开到世界的乐坛上放出你的异香。东方升起了一颗星，这么光明，这么纯净，这么深邃；替新中国创造了一个辉煌的世界纪录！我做父亲的一向低估了你，你把我的错误用你的才具与苦功给点破了，我真高兴，我真骄傲，能够有这么一个儿子把我错误的估计全部推翻！妈妈是对的，母性的伟大不在于理智，而在于那种直觉的感情；多少年来，她嘴上不说，心里是一向认为我低估你的能力的；如今她统统向我说明了。我承认自己的错误，但是用多么愉快的心情承认错误：这也算是一个奇迹吧？

回想到一九五三年十二月你从北京回来，我同意你去波学习，但不鼓励你参加比赛，还写信给周巍峙要求不让你参加。虽说我一向低估你，但以你那个时期的学力，我的看法也并不全错。你自己也觉得即使参加，未必有什么把握。想你初到海滨时，也不见得有多大信心吧？可见这七个月的学习，上台的经验，对你的帮助简直无法形容，非但出于我们意料之外，便是你以目前和七个月以前的成绩相比，你自己也要觉得出乎意料之外，是不是？

今天清早柯子歧打电话来，代表他父亲母亲向我们道贺。子歧说：与其你光得第二，宁可你得第三，加上一个玛祖卡奖的。这句话把我们心里的意思完全说中了。你自己有没有这个感想呢？

再想到一九四九年第四届比赛的时期，你流浪在昆明，那时你的生活，你的苦闷，你的渺茫的前途，跟今日之下相比，不像是做梦吧？谁想得到，一九五一年回上海时只弹*"Pathetique"Sonata*［《"悲怆"奏鸣曲》］还没弹好的人，五年以后会在国际乐坛的竞赛中名列第三？多少迂回的路，多少痛苦，多少失意，多少挫折，换来你今日的成功！可见为了获得更大的成功，只有加倍努力，同时也得期待别的迂回，别的挫折。我时时刻刻要提醒你，想着过去的艰难，让你以后遇到困难的时候更有勇气去克服，不至于失掉信心！人生本是没穷尽没终点的马拉松赛跑，你的路程还长得很呢：这不过是一个光辉的开场。

回过来说：我过去对你的低估，在某些方面对你也许有不良的影响，但有一点至少是对你有极大的帮助的。惟其我对你要求严格，终不至于骄纵你——你该记得罗马尼亚三奖初宣布时你的愤懑心理，可见年轻人往往容易估高自己的力量。我多少年来把你紧紧拉着，至少养成了你对艺术的严肃的观念，即使偶尔忘形，也极易拉回来。我提这些话，不是要为我过去的做法辩护，而是要趁你成功的时候特别让你提高警惕，绝对不让自满和骄傲的情绪抬头。我知道这也用不着多嘱咐，今日之下，你已经过了这一道骄傲自满的关，但我始终是中国儒家的门徒，遇到极盛的事，必定要有“如临深渊，如履薄冰”的格外郑重、危惧、戒备的感觉。

现在再谈谈实际问题：

据我们猜测，你这一回还是吃亏在technic［技巧］，而不在于music［音乐］；根据你技巧的根底，根据马先生到波兰后的家信，大概你在这方面还不能达到极有把握的程度。当然难怪你，过去你受的什么训练呢？七个月能有这成绩已是奇迹，如何再能苛求？你几次来信，和在节目单上的批语，常常提到“佳，但不完整”。从这句话里，我们能看出你没有列入第一二名的最大关键。

说到“不完整”，我对自己的翻译也有这样的自我批评。无论译哪一本书，总觉得不能从头至尾都好；可见任何艺术最难的是“完整”！你提到perfection［完美］，其实perfection根本不存在的，整个人生、世界、宇宙，都谈不上perfection。要就是存在于哲学家的理想和政治家的理想之中。我们一辈子的追求，有史以来多少世代的人的追求，无非是perfection，但永远是追求不到的，因为人的理想、幻想，永无止境，所以perfection像水中月、镜中花，始终可望而不可及。但能在某一个阶段求得总体的“完整”或是比较的“完整”，已经很不差了。

比赛既然过去了，我们希望你每个月能有两封信来。尤其是我希望多知道：（1）国外音乐界的情形；（2）你自己对某些乐曲的感想和心得。千万抽出些工夫来！以后不必再像过去那样日以继夜的扑在琴上。修养需要多方面的进行，技巧也得长期训练，切勿操之过急。静下来多想想也好，而写信就是强迫你整理思想，也是极好的训练。

名强他们都有电话来道喜了，而且都是代表他们的爸爸妈妈呢。沈伯伯亲自来了。预料这一两天的电话也要特别多，家里像办喜事一样。

有什么关于比赛的印刷品，画报上的照片等等（假如是波兰文的，希望批一二句）希望寄些来。

我译的杰教授的文章，收到没有？今天我还得另外写信去谢谢他给你得教导。Eva太太想必含泪拥抱过你几回了。大使馆恐也少不得请你吃顿中国饭，是不是？

暂时带住，我们，妈妈、弟弟，全都祝贺你，再告诉你一声：我们为了你多快乐，多骄傲！希望你大战之后充分休息！

爸爸　三月二十日上午

复信时把此信放在手头，看一段复一段，那么就不会遗漏什么了！

1955.3.27

聪：

为你参考起见，我特意从一本专论莫扎特的书里译出一段给你。另外还有罗曼·罗兰论莫扎特的文字，来不及译。不知你什么时候学莫扎特？肖邦在写作的taste［品味］方面，极注意而且极感染莫扎特的风格。刚弹完肖邦，接着研究莫扎特，我觉得精神血缘上比较相近。不妨和杰老师商量一下。你是否可在贝多芬第四弹好以后，接着上手莫扎特？等你快要动手时，先期来信，我再寄罗曼·罗兰的文字给你。

从我这次给你的译文中，我特别体会到，莫扎特的那种温柔妩媚，所以与浪漫派的温柔妩媚不同，就是在于他像天使一样的纯洁，毫无世俗的感伤或是靡靡的sweetness［甜腻］。神明的温柔，当然与凡人的不同，就是达·芬奇与拉斐尔的圣母，那种妩媚的笑容决非尘世间所有的。能够把握到什么叫做脱尽人间烟火的温馨甘美，什么叫做天真无邪的爱娇，没有一点儿拽心，没有一点儿情欲的骚乱，那么我想表达莫扎特可以“虽不中，不远矣”。你觉得如何？往往十四五岁到十六七岁的少年，特别适应莫扎特，也是因为他们童心没有受过沾染。

将来你预备弹什么近代作家，望早些安排，早些来信；我也可以供给材料。在精神气氛方面，我还有些地方能帮你忙。

我再要和你说一遍：平日来信多谈谈音乐问题。你必有许多感想和心得，还有老师和别的教授们的意见。这儿的小朋友们一个一个都在觉醒，苦于没材料。他们常来看我，和我谈天；我当然要尽量帮助他们。

你身在国外，见闻既广，自己不断的在那里进步，定有不少东西可以告诉我们。同时一个人的思想是一边写一边谈出来的，借此可以刺激头脑的敏捷性，也可以训练写作的能力与速度。此外，也有一个道义的责任，使你要尽量的把国外的思潮向我们报道。一个人对人民的服务不一定要站在大会上演讲或是做什么惊天动地的大事业，随时随地，点点滴滴的把自己知道的、想到的告诉人家，无形中就是替国家播种、施肥、垦殖！孩子，你千万记住这些话，多多提笔！

黄宾虹先生于本月二十五日在杭患胃癌逝世，享寿九十二岁。以艺术家而论，我们希望他活到一百岁呢。去冬我身体不好，中间摔了一跤，很少和他通信；只是在十一月初到杭州去，连续在他家看了两天画，还替他拍了照，不料竟成永诀。听说他病中还在记挂我，跟不认识我的人提到我。我听了非常难过，得信之日，一晚没睡好。

从比赛揭晓到现在，整整一星期，我没有好好工作，也没有充分的休息；当然心里始终是非常快乐的。所以这封信也不再拉长了。等你来信后再写吧。你休息了没有？谁都要转告你，注意身体！

爸爸　三月二十七日夜

你读了我译的杰老师论肖邦的文字，有何感想，有何补充？

昨天买了一张Faure［福雷］的*Requiem*［《安魂曲》］，非常动人。我们唱片还是买得很多呢。

1955.4.1／3

聪：

我们天天计算，假定二十二日你发信，昨天就该收到；假定二十三日发，今天也应到了。奇怪，怎么二十日给奖，你二十三日还没寄家信呢？迟迟无消息，我又要担心你不要紧张过度，身体不舒服吧？

我知道你忙，可是你也知道我未尝不忙，至少也和你一样忙。我近七八个月身体大衰，跌跤后已有两个半月，腿力尚未恢复，腰部酸痛更是厉害。但我仍硬撑着工作，写信，替你译莫扎特等等都是拿休息时间，忍着腰痛来做的。孩子，你为什么老叫人牵肠挂肚呢？预算你的信该到的时期，一天不到，我们精神上就一天不得安定。

我们又猜想，也许马思聪先生回来，可能带信来，但他究竟何时离开华沙？假定二十五日以后离波，难道你也要到那时才给我们写信吗？照片及其他文件剪报等等，因为厚重，交马先生带当然很好，省却许多航空邮费。但报告比赛详情的信总不会那么迟才动笔吧？要说音乐会，至早也得与比赛相隔一个星期，那你也不至于比赛完了，又忙得无暇写信。那又究竟是什么道理呢？难道两个多月不写家信这件事，对你不是一件精神负担吗？难道你真的身子不舒服吗？

我们历来问你讨家信，就像讨情一般。你该了解你爸爸的脾气，别为了写信的事叫他多受屈辱，好不好？

我把纪念册上的纪录做了一个统计：发觉肖邦比赛，历届中进入前五名的，只有波、苏、法、匈、英、中六个国家。德国只有第三届得了一个第六，奥国第二届得了一个第十，意大利第二届得了一个第二十四。可见与肖邦精神最接近的是斯拉夫民族。其次是匈牙利和法国。纯粹日耳曼族或纯粹拉丁族都不行。法国不能算纯粹拉丁族。奇怪的是连修养极高极博的大家如Busoni［布索尼］生平也未尝以弹奏肖邦知名。德国十九世纪末期，出了那些大钢琴家，也没有一个弹肖邦弹得好的。

但这还不过是个人悬猜，你在这次比赛中实地接触许多国家的选手，也听到各方面的批评，想必有些关于这个问题的看法，可以告诉我。

四月一日晚

今日接马先生（三十日）来信，说你要转往苏联学习，又说已与文化部谈妥，让你先回国演奏几场；最后又提到预备叫你参加明年二月德国的Schumann［舒曼］比赛。

我认为回国一行，连同演奏，至少要花两个月；而你还要等波兰的零星音乐会结束以后方能动身。这样，前前后后要费掉三个多月。这在你学习上是极大的浪费。尤其你技巧方面还要加工，倘若再想参加明年的Schumann比赛，他的技巧比肖邦的更麻烦，你更需要急起直追，与其让政府花了一笔来回旅费而耽误你几个月学习，不如叫你在波兰灌好唱片（像我前信所说）寄回国内，大家都可以听到，而且是永久性的；同时也不妨碍你的学业。我们做父母的，在感情上极希望见见你，听到你这样成功的演奏，但为了你的学业，我们宁可牺牲这个福气。我已将此意写信告诉马先生，请他与文化部从长考虑。我想你对这个问题也不会不同意吧？

其次，转往苏联学习一节，你从来没和我们谈过。你去波以后我给你二十九封信，信中表现我的态度难道还使你不敢相信，什么事都可以和我细谈、细商吗？你对我一字不提，而托马先生直接向中央提出，老实说，我是很有自卑感的，因为这反映你对我还是不放心。大概我对你从小的不得当、不合理的教育，后果还没有完全消灭。你比赛以后一直没信来，大概心里又有什么疙瘩吧！马先生回来，你也没托带什么信，因此我精神上的确非常难过，觉得自己功不补过。现在谁都认为（连马先生在内）你今日的成功是我在你小时候打的基础，但事实上，谁都不再对你当前的问题再来征求我一分半分意见；是的，我承认老朽了，不能再帮助你了。

可是我还有几分自大的毛病，自以为看事情还能比你们青年看得远一些，清楚一些。同时我还有过分强的责任感，这个责任感使我忘记了自己的老朽，忘记了自己帮不了你忙而硬要帮你忙。

所以倘使下面的话使你听了不愉快，使你觉得我不了解你，不了解你学习的需要，那么请你想到上面两个理由而原谅我，请你原谅我是人，原谅我抛不开天下父母对子女的心。

一个人要做一件事，事前必须考虑周详。尤其是想改弦易辙，丢开老路，换走新路的时候，一定要把自己的理智做一个天平，把老路与新路放在两个盘里很精密的称过。现在让我来替你做一件工作，帮你把一项项的理由，放在秤盘里：

【甲盘】

（一）杰老师过去对你的帮助是否不够？假如他指导得更好，你的技术是否还可以进步？

【乙盘】

（一）苏联的教授法是否一定比杰老师的高明？技术上对你可以有更大的帮助？

（二）六个月在波兰的学习，使你得到这次比赛的成绩，你是否还不满意？

（三）波兰得第一名的，也是杰老师的学生，他得第一的原因何在？

（四）技术训练的方法，波兰派是否有毛病，或是不完全？

（五）技术是否要靠时间慢慢的提高？

（六）除了肖邦以外，对别的作家的了解，波兰的教师是否不大使你佩服？

（七）去年八月周小燕在波兰知道杰老师为了要教你，特意训练他的英语，这点你知道吗？

（二）假定过去六个月在苏联学，你是否觉得这次的成绩可以更好？名次更前？

（三）苏联得第二名的，为什么只得一个第二？

（四）技术训练的方法，在苏联是否一定胜过任何国家？

（五）苏联是否有比较快的方法提高？

（六）对别的作家的了解，是否苏联比别国也高明得多？

（七）苏联教授是否比杰老师还要热烈？

【一般性的】

（八）以你个人而论，是否换一个技术训练的方法，一定还能有更大的进步？所以对第（二）项要特别注意，你是否觉得以你六个月的努力，倘有更好的方法教你，你是否技术上可以和别人并驾齐驱，或是更接近？

（九）以学习Schumann而论，是否苏联也有特殊优越的条件？

（十）过去你盛称杰老师教古典与近代作品教得特别好，你现在是否改变了意见？

（十一）波兰居住七个月来的总结，是不是你的学习环境不大理想？苏联是否在这方面更好？

（十二）波兰各方面对你的关心、指点，是否在苏联同样可以得到？

（十三）波兰方面一般带着西欧气味，你是否觉得对你的学习不大好？

这些问题希望你平心静气，非常客观的逐条衡量，用“民主表决”的方法，自己来一个总结。到那时再做决定。总之，听不听由你，说不说由我。你过去承认我“在高山上看事情”，也许我是近视眼，看出来的形势都不准确。但至少你得用你不近视的眼睛，来检查我看到的是否不准确。果然不准确的话，你当然不用，也不该听我的。

假如你还不以为我顽固落伍，而愿意把我的意见加以考虑的话，那对我真是莫大的“荣幸”了！等到有一天，我发觉你处处比我看得清楚，我第一个会佩服你，非但不来和你“缠夹二”乱提意见，而且还要遇事来请教你呢！目前，第一不要给我们一个闷葫芦！磨难人最厉害的莫如unknown［不知］和uncertain［不定］！对别人同情之前，对父母先同情一下吧！

爸爸　四月三日

1955.5.8/9

孩子：

昨晚有匈牙利的flutist［长笛演奏家］和pianist［钢琴家］的演奏会，作协送来一张票子，我腰酸不能久坐，让给阿敏去了。他回来说pianist弹得不错，就是身体摇摆得太厉害。因而我又想起了Richter［里赫特］在银幕扮演李斯特的情形。我以前跟你提过，不知里赫特平时在台上是否也摆动得很厉害？这问题，正如多多少少其他的问题一样，你没有答复我。记得马先生二月十七日从波兰写信给王棣华，提到你在琴上“表情十足”。不明白他这句话是指你的手下表达出来的“表情十足”呢，还是指你身体的动作？因为你很钦佩Richter，所以我才怀疑你从前身体多摇动的习惯，不知不觉的又恢复过来，而且加强了。这个问题，我记得在第二十六（或二十七）信内和你提过，但你也至今不答复。

说到“不答复”，我又有了很多感慨。我自问：长篇累牍的给你写信，不是空唠叨，不是莫名其妙的gossip［闲话］，而是有好几种作用的。第一，我的确把你当作一个讨论艺术、讨论音乐的对手；第二，极想激出你一些青年人的感想，让我做父亲的得些新鲜养料，同时也可以间接传布给别的青年；第三，借通信训练你的——不但是文笔，而尤其是你的思想；第四，我想时时刻刻，随处给你做个警钟，做面“忠实的镜子”，不论在做人方面，在生活细节方面，在艺术修养方面，在演奏姿态方面。我做父亲的只想做你的影子，既要随时随地帮助你、保护你，又要不让你对这个影子觉得厌烦。但我这许多心愿，尽管我在过去的三十多封信中说了又说，你都似乎没有深刻的体会，因为你并没有适当的反应，就是说：尽量给我写信，“被动的”对我说的话或是表示赞成，或是表示异议，也很少“主动的”发表你的主张或感想—— 特别是从十二月以后。

你不是一个作家，从单纯的职业观点来看，固无须训练你的文笔。但除了多写之外，以你现在的环境，怎么能训练你的思想、你的理智、你的intellect［才智］呢？而一个人思想、理智、intellect的训练，总不能说不重要吧？多少读者来信，希望我多跟他们通信；可惜他们的程度与我相差太远，使我爱莫能助。你既然具备了足够的条件，可以和我谈各式各种的问题，也碰到我极热烈的渴望和你谈这些问题，而你偏偏很少利用！孩子，一个人往往对有在手头的东西（或是机会，或是环境，或是任何可贵的东西）不知珍惜，直到要失去了的时候再去后悔！这是人之常情，但我们不能因为是人之常情而宽恕我们自己的这种愚蠢，不想法去改正。

你不是抱着一腔热情，想为祖国、为人民服务吗？而为祖国、为人民服务是多方面的，并不限于在国外为祖国争光，也不限于用音乐去安慰人家—— 虽然这是你最主要的任务。我们的艺术家还需要把自己的感想、心得，时时刻刻传达给别人，让别人去作为参考的或者是批判的资料。你的将来，不光是一个演奏家，同时必须兼做教育家；所以你的思想，你的理智，更其需要训练，需要长时期的训练。我这个可怜的父亲，就在处处替你作这方面的准备，而且与其说是为你做准备，还不如说为中国音乐界作准备更贴切。孩子，一个人空有爱同胞的热情是没用的，必须用事实来使别人受到我的实质的帮助，这才是真正的道德实践。别以为我们要求你多写信是为了父母感情上的自私—— 其中自然也有一些，但决不是主要的。你很知道你一生受人家的帮助是应当用行动来报答的；而从多方面去锻炼自己就是为报答人家作基本准备。

你现在弹琴有时还要包橡皮膏或涂paraffine oil［石蜡油］么？是不是手放松了可以不损坏手指尖？

和你的话是谈不完的，信已经太长，妈妈怕你看得头昏脑涨，劝我结束。她觉得你不能回来一次，很遗憾。我们真是多么想念你啊！你放心，爸爸是相信你一切都很客观，冷静，对人的批评并非意气用事；但是一个有些成就的人，即使事实上不骄傲，也很容易被人认为骄傲的（一个有些名和地位的人，就是这样的难做人），所以在外千万谨慎，说话处处保留些。尤其双方都用一种非祖国的语言，意义轻重更易引起误会。

爸爸　从五月八日写到五月九日

国内各报纸、杂志关于你的记载，我们都剪贴好。华沙新华社记者报道，初、复赛评判员都隔着幕，不报比赛人的姓名，怎么来信又说不隔幕而且报姓名呢？真怪了！

又及

1955.5.11

亲爱的孩子：

三十五号信发出后，本来预备接着再写，和你讨论两个艺术的技术问题，因为这两天忙着替你理乐谱，写信给罗忠镕，又为你冬天的皮鞋出去试尺寸（非要以我的脚去试不可），所以耽下来尚未动笔。今晨又接五月二日来信，倒使我急了。孩子，别担心，你四月二十九、三十两信写得非常彻底，你的情形都报告明白了。我们绝无误会。过去接不到你的信固然是痛苦，可一旦有了你的长信，明白了底细，我们哪里还会对你有什么不快，只有同情你，可怜你补写长信，又开了通宵的“夜车”，使我们心里老大的不忍。你出国七八个月，写回来的信并没什么过火之处，偶尔有些过于相信人或是怀疑人的话，我也看得出来，也会打些小折扣。一个热情的人，尤其是青年，过火是免不了的，只要心地善良、正直，胸襟宽，能及时改正自己的判断，不固执己见，那就很好了。你不必多责备自己，只要以后多写信，让我们多了解你的情况，随时给你提提意见，那就比空自内疚、后悔挽救不了的“以往”，有意思多了。你说写信退步，我们都觉得你是进步。你分析能力比以前强多了，态度也和平得很。爸爸看文字多么严格，从文字上挑剔思想又多么认真，不会随便夸奖你的。

你回来一次的问题，我看事实上有困难。即使大使馆愿意再向国内请示，公文或电报往返，也需很长的时日，因为文化部外交部决定你的事也要作多方面的考虑。耽搁日子是不可避免的。而等到决定的时候，离联欢节已经很近，恐怕他们不大肯让你不在联欢节上参加表演，再说，便是让你回来，至早也要到六月底、七月初才能到家。而那时代表团已经快要出发，又要催你上道了。

以我们的感情来说，你一定懂得我们想见见你的心，不下于你想见见我们的心；尤其我恨不得和你长谈数日夜。可是我们不能只顾感情，我们不能不硬压着个人的愿望，而为你更远大的问题打算。

你二十九信上说Michelangeli［米凯兰杰利］的演奏，至少在“身如rock［磐石］”一点上使我很向往。这是我对你的期望——最殷切的期望之一！惟其你有着狂热的感情，无穷的变化，我更希望你做到身如rock，像统率三军的主帅一样。这用不着老师讲，只消自己注意，特别在心理上，精神上，多多修养，做到能入能出的程度。你早已是“能入”了，现在需要努力的是“能出”！那我保证你对古典及近代作品的风格与精神，都能掌握得很好。

你来信批评别人弹的肖邦，常说他们cold［冷淡］。我因此又想起了以前的念头：欧洲自从十九世纪，浪漫主义在文学艺术各方面到了高潮以后，先来一个写实主义与自然主义的反动（光指文学与造型艺术言），接着在二十世纪前后更来了一个普遍的反浪漫底克思潮。这个思潮有两个表现：一是非常重感官（sensual），在音乐上的代表是R. Strauss［理查德·施特劳斯］，在绘画上是马蒂斯；一是非常的intellectual［理性］，近代的许多作曲家都如此。绘画上的Picasso［毕加索］亦可归入此类。近代与现代的人一反十九世纪的思潮，另走极端，从过多的感情走到过多的mind［精神］的路上去了。演奏家自亦不能例外。肖邦是个半古典半浪漫底克的人，所以现代青年都弹不好。反之，我们中国人既没有上一世纪像欧洲那样的浪漫底克狂潮，民族性又是颇有olympic［奥林匹克］（希腊艺术的最高理想）精神，同时又有不太过分的浪漫底克精神，如汉魏的诗人，如李白，如杜甫（李后主算是最romantic［浪漫］的一个，但比起西洋人，还是极含蓄而讲究taste［品味］的），所以我们先天的具备表达肖邦相当优越的条件。

我这个分析，你认为如何？

反过来讲，我们和欧洲真正的古典，有时倒反隔离得远一些。真正的古典是讲雍容华贵，讲graceful［优雅］，elegant［高贵］，moderate［适度］。但我们也极懂得discreet［谨慎］，也极讲中庸之道，一般青年人和传统不亲切，或许不能抓握这些，照理你是不难体会得深刻的。有一点也许你没有十分注意，就是欧洲的古典还多少带些宫廷气味，路易十四式的那种宫廷气味。

对近代作品，我们很难和欧洲人一样的浸入机械文明，也许不容易欣赏那种钢铁般的纯粹机械的美，那种“寒光闪闪”的brightness［光辉］，那是纯理智、纯mind［精神］的东西。

环境安静对你的精神最要紧。做事要科学化，要彻底！我恨不得在你身边，帮你解决并安排一切物质生活，让你安心学习，节省你的精力与时间，使你在外能事半功倍，多学些东西，多把心思花在艺术的推敲与思索上。一个艺术家若能很科学的处理日常生活，他对他人的贡献一定更大！

五月二日来信使我很难受。好孩子，不用焦心，我决不会怨你的，要说你不配做我的儿子，那我更不配做你父亲了。只要我能帮助你一些，我就得了最大的酬报。我真是要拿我所有的知识、经验、心血，尽量给你作养料，只要你把我每封信多看几遍，好好的思索几回，竭力吸收，“身体力行”的实践，我就快乐得难以形容了。

爸爸、妈妈　五月十一日

1955.12.11

亲爱的孩子：

我先要跟你办个交涉：凡我信上所问你的事，都有红笔圈出，希望都答复我。你每次复信都要把我的信放在旁边，把红圈的段落一一查看，未复的都要复。第49—50—51三信的问题，只有钢琴和合同二项得到回音，余下的只字未提。我今后把向你提的问题摘要登记在一本小册子上，只要你不答复，我还是要问个不休的。爸爸这个死脾气，你该知道而且能原谅的，同时也能满足它的，是不是？

你始终太容易信任人。我素来不轻信人言，等到我告诉你什么话，必有相当根据，而你还是不大重视，轻描淡写。这样的不知警惕，对你将来是危险的！一个人妨碍别人，不一定是因为本性坏，往往是因为头脑不清，不知利害轻重。所以你在这些方面没有认清一个人的时候，切忌随口吐露心腹。一则太不考虑和你说话的对象，二则太不考虑事情所牵涉的另外一个人。（还不止一个呢！）来信提到这种事，老是含混得很。去夏你出国后，我为另一件事写信给你，要你检讨，你以心绪恶劣推掉了。其实这种作风，这种逃避现实的心理是懦夫的行为，决不是新中国的青年所应有的。你要革除小布尔乔亚根性，就要从这等地方开始革除！

别怕我责备！（这也是小布尔乔亚的懦怯。）也别怕引起我心烦，爸爸不为儿子烦心，为谁烦心？爸爸不帮助孩子，谁帮助孩子？儿子苦闷不向爸爸求救，向谁求救？你这种顾虑也是一种短视的温情主义，要不得！懦怯也罢，温情主义也罢，总之是反科学，反马列主义。为什么一个人不能反科学、反马列主义？因为要生活得好，对社会尽贡献，就需要把大大小小的事，从日常生活、感情问题，一直到学习、工作、国家大事，一贯的用科学方法、马列主义的方法，去分析，去处理。批评与自我批评所以能成为有力的武器，也就在于它能培养冷静的科学头脑，对己、对人、对事，都一视同仁，做不偏不倚的检讨。而批评与自我批评最需要的是勇气，只要存着一丝一毫懦怯的心理，批评与自我批评便永远不能做得彻底。我并非说有了自我批评（即挖自己的根），一个人就可以没有烦恼。不是的，烦恼是永久免不了的，就等于矛盾是永远消灭不了的一样。但是不能因为眼前的矛盾消灭了将来照样有新矛盾，就此不把眼前的矛盾消灭。挖了根，至少可以消灭眼前的烦恼。将来新烦恼来的时候，再去消灭新烦恼。挖一次根，至少可以减轻烦恼的严重性，减少它危害身心的可能；不挖根，老是有些思想的、意识的、感情的渣滓积在心里，久而久之，成为一个沉重的大包袱，慢慢的使你心理不健全，头脑不冷静，胸襟不开朗，创造更多的新烦恼的因素。这一点不但与马列主义的理论相合，便是与近代心理分析和精神病治疗的研究结果也相合。

至于过去的感情纠纷，时时刻刻来打扰你的缘故，也就由于你没仔细挖根。我相信你不是爱情至上主义者，而是真理至上主义者；那么你就该用这个立场去分析你的对象（不论是初恋的还是以后的），你跟她（不管是谁）在思想认识上，真理的执着上，是否一致或至少相去不远？从这个角度上去把事情解剖清楚，许多烦恼自然迎刃而解。你也该想到，热情是一朵美丽的火花，美则美矣，无奈不能持久。希望热情能永久持续，简直是愚妄；不考虑性情、品德、品格、思想等等，而单单执着于当年一段美妙的梦境，希望这梦境将来会成为现实，那么我警告你，你可能遇到悲剧的！世界上很少如火如荼的情人能成为美满的、白头偕老的夫妇的；传奇式的故事，如但丁之于裴阿脱里克斯，所以成为可哭可泣的千古艳事，就因为他们没有结合；但丁只见过几面（似乎只有一面）裴阿脱里克斯。歌德的太太克里斯丁纳是个极庸俗的女子，但歌德的艺术成就，是靠了和平宁静的夫妇生活促成的。过去的罗曼史，让它成为我们一个美丽的回忆，作为一个终生怀念的梦，我认为是最明哲的办法。老是自苦是只有消耗自己的精力，对谁都没有裨益的。孩子，以后随时来信，把苦闷告诉我，我相信还能凭一些经验安慰你呢。爸爸受的痛苦不能为儿女减除一些危险，那么爸爸的痛苦也是白受了。但希望你把苦闷的缘由写得详细些（就是要你自己先分析一个透彻），免得我空发议论，无关痛痒的对你没有帮助。好了，再见吧，多多来信，来信分析你自己就是一种发泄，而且是有益于心理卫生的发泄。爸爸还有足够的勇气担受你的苦闷，相信我吧！你也有足够的力量摆脱烦恼，有足够的勇气正视你的过去，我也相信你！

妈妈的照片该收到了吧？贝多芬第四、第五的材料共十六页，是前天（九日）平信挂号寄的。

爸爸　十二月十一日夜

我一天到晚忙着杂务，静不下来写信，可是你的影子永远在我脑海里盘旋，望你多多来信安慰我们。

妈妈

一九五六年

1956年8月，傅聪回国休假并举办个人音乐会，与父母小聚，同游杭州，共度短暂的美好时光。10月，傅聪返回波兰继续学习。

1956.2.29／3.1

亲爱的孩子：

昨天整理你的信，又有些感想。

关于莫扎特的话，例如说他天真、可爱、清新等等，似乎很多人懂得；但弹起来还是没有那天真、可爱、清新的味儿。这道理，我觉得是“理性认识”与“感情深入”的分别。感性认识固然是初步印象，是大概的认识；理性认识是深入一步，了解到本质。但是艺术的领会，还不能以此为限。必须再深入进去，把理性所认识的，用心灵去体会，才能使原作者的悲欢喜怒化为你自己的悲欢喜怒，使原作者每一根神经的震颤都在你的神经上引起反响。否则即使道理说了一大堆，仍然是隔了一层。一般艺术家的偏于intellectual［理智］，偏于cold［冷淡］，就因为他们停留在理性认识的阶段上。

比如你自己，过去你未尝不知道莫扎特的特色，但你对他并没发生真正的共鸣；感之不深，自然爱之不切了；爱之不切，弹出来当然也不够味儿；而越是不够味儿，越是引不起你兴趣。如此循环下去，你对一个作家当然无从深入。

这一回可不然，你的确和莫扎特起了共鸣，你的脉搏跟他的脉搏一致了，你的心跳和他的同一节奏了；你活在他的身上，他也活在你身上；你自己与他的共同点被你找出来了，抓住了，所以你才会这样欣赏他，理解他。

由此得到一个结论：艺术不但不能限于感性认识，还不能限于理性认识，必须要进行第三步的感情深入。换言之，艺术家最需要的，除了理智以外，还有一个“爱”字！所谓赤子之心，不但指纯洁无邪，指清新，而且还指爱！法文里有句话叫做“伟大的心”，意思就是“爱”。这“伟大的心”几个字，真有意义。而且这个爱绝不是庸俗的、婆婆妈妈的感情，而是热烈的、真诚的、洁白的、高尚的、如火如荼的、忘我的爱。

从这个理论出发，许多人弹不好东西的原因都可以明白了。光有理性而没有感情，固然不能表达音乐；有了一般的感情而不是那种火热的同时又是高尚、精练的感情，还是要流于庸俗；所谓sentimental［多愁善感］，我觉得就是指的这种庸俗的感情。

一切伟大的艺术家（不论是作曲家，是文学家，是画家……）必然兼有独特的个性与普遍的人间性。我们只要能发掘自己心中的人间性，就找到了与艺术家沟通的桥梁。再若能细心揣摩，把他独特的个性也体味出来，那就能把一件艺术品整个儿了解了。当然不可能和原作者的理解与感受完全一样，了解的多少、深浅、广狭，还是大有出入；而我们自己的个性也在中间发生不小的作用。

大多数从事艺术的人，缺少真诚。因为不够真诚，一切都在嘴里随便说说，当做唬人的幌子，装自己的门面，实际只是拾人牙慧，并非真有所感。所以他们对作家决不能深入体会，先是对自己就没有深入分析过。这个意思，克利斯朵夫（在第二册内）也好像说过的。

真诚是第一把艺术的钥匙。知之为知之，不知为不知。真诚的“不懂”，比不真诚的“懂”，还叫人好受些。最可厌的莫如自以为是，自作解人。有了真诚，才会有虚心，有了虚心，才肯丢开自己去了解别人，也才能放下虚伪的自尊心去了解自己。建筑在了解自己了解别人上面的爱，才不是盲目的爱。

而真诚是需要长时期从小培养的。社会上，家庭里，太多的教训使我们不敢真诚，真诚是需要很大的勇气作后盾的。所以做艺术家先要学做人。艺术家一定要比别人更真诚，更敏感，更虚心，更勇敢，更坚忍，总而言之，要比任何人都less imperfect［更少瑕疵］！

好像世界上公认有个现象：一个音乐家（指演奏家）大多只能限于演奏某几个作曲家的作品。其实这种人只能称为演奏家而不是艺术家。因为他们的胸襟不够宽广，容受不了广大的艺术天地，接受不了变化无穷的形与色。假如一个人永远能开垦自己心中的园地，了解任何艺术品都不应该有问题的。

有件小事要和你谈谈。你写信封为什么老是这么不neat［整洁］？日常琐事要做得neat，等于弹琴要讲究干净是一样的。我始终认为做人的作风应当是一致的，否则就是不调和；而从事艺术的人应当最恨不调和。我这回附上一小方纸，还比你用的信封小一些，照样能写得很宽绰。你能不能注意一下呢？以此类推，一切小事养成这种neat的习惯，对你的艺术无形中也有好处。因为无论如何细小不足道的事，都反映出一个人的意识与性情。修改小习惯，就等于修改自己的意识与性情。所谓学习，不一定限于书本或是某种技术；否则“随时随地都该学习”这句话，又怎么讲呢？我想你每次接到我的信，连寄书谱的大包，总该有个印象，觉得我的字都写得整整齐齐、清楚明白吧！

再会吧，孩子，路上小心，一切保重！特别注意饮食，寒暖，出门演奏更要当心身体！

爸爸　二月二十九日夜

若你从南国回来，大概刚好收到寄的几批谱与书。明日又要寄出二月份的《旅行家》。托黄文友先生转带的礼服衬衫及硬领，收到没有？千万来信告知！

你去南斯拉夫的日子，正是你足二十二岁生日。大可利用路上的时间，仔细想一想我每次信中所提的学习正规化、计划化，生活科学化等等，你不妨反省一下，是否开始在实行了？还有什么缺点需要改正？过去有哪些成绩需要进一步巩固？总而言之，你该做个小小的总结。

我们社会的速度，已经赶上了原子能时代。谁都感觉到任务重大而急迫，时间与工作老是配合不起来。所以最主要的关键在于争取时间。我对你最担心的就是这个问题。生活琐事上面，你一向拖拖拉拉，浪费时间很多。希望你大力改善，下最大的决心扭转过来。爸爸的心老跟你在一块，为你的成功而高兴，为你的烦恼而烦恼，为你的缺点操心！在你二十二岁生日的时候，我对你尤其有厚望！勇敢些，孩子！再勇敢些，克服大大小小的毛病，努力前进！

三月一日晨　爸爸　又字

1956.10.3

亲爱的孩子：

你回来了，又走了；许多新的工作、新的忙碌、新的变化等着你，你是不会感到寂寞的；我们却是静下来，慢慢的回复我们单调的生活，和才过去的欢会与忙乱对比之下，不免一片空虚—— 昨儿整整一天若有所失。孩子，你一天天的在进步，在发展：这两年来你对人生和艺术的理解又跨了一大步。我愈来愈爱你了，除了因为你是我们身上的血肉所化出来的而爱你以外，还因为你有如此焕发的才华而爱你：正因为我爱一切的才华，爱一切的艺术品，所以我也把你当作一般的才华（离开骨肉关系），当作一件珍贵的艺术品而爱你。你得千万爱护自己，爱护我们所珍视的艺术品！遇到任何一件出入重大的事，你得想到我们——连你自己在内—— 对艺术的爱！不是说你应当时时刻刻想到自己了不起，而是说你应当从客观的角度重视自己：你的将来对中国音乐的前途有那么重大的关系，你每走一步，无形中都对整个民族艺术的发展有影响，所以你更应当战战兢兢，郑重将事！随时随地要准备牺牲目前的感情，为了更大的感情—— 对艺术对祖国的感情。你用在理解乐曲方面的理智，希望能普遍的应用到一切方面，特别是用在个人的感情方面。我的园丁工作已经做了一大半，还有一大半要你自己来做的了。爸爸已经进入人生的秋季，许多地方都要逐渐落在你们年轻人的后面，能够帮你的忙将要越来越减少；一切要靠你自己努力，靠你自己警惕，自己鞭策。你说到技巧要理论与实践结合，但愿你能把这句话用在人生的实践上去；那么你这朵花一定能开得更美，更丰满，更有力，更长久！

谈了一个多月的话，好像只跟你谈了一个开场白。我跟你是永远谈不完的，正如一个人对自己的独白是终身不会完的。你跟我两人的思想和感情，不正是我自己的思想和感情吗？清清楚楚的，我跟你的讨论与争辩，常常就是我跟自己的讨论与争辩。父子之间能有这种境界，也是人生莫大的幸福。除了外界的原因没有能使你把假期过得像个假期以外，连我也给你一些小小的不愉快，破坏了你回家前的对家庭的期望。我心中始终对你抱着歉意。但愿你这次给我的教育（就是说从和你相处而反映出我的缺点）能对我今后发生作用，把我自己继续改造。尽管人生那么无情，我们本人还是应当把自己尽量改好，少给人一些痛苦，多给人一些快乐。说来说去，我仍抱着"宁天下人负我，毋我负天下人"的心愿。我相信你也是这样的。

这几日你跟马先生一定谈得非常兴奋。能有一个师友之间的人和你推心置腹，也是难得的幸运。孩子，你不是得承认命运毕竟是宠爱我们的吗？

代候马先生、马伯母。

多么爱你的爸爸、妈妈　十月三日晨

这次没有能和你细细欣赏一下古诗文，觉得非常遗憾。《花间集》要吗？

1956.10.10

亲爱的孩子：

到今天还没收到来信，不知你究竟哪一天走的；最担心的是寒衣未带，你一路上怎么办？尤其过莫斯科的时候，不要把你冻坏了吗？你电话中虽说咳嗽已愈，我怀疑你是特意安慰我；但愿不要把回国来得的小病带回华沙。

这两天开始恢复工作；一面也补看文件，读完了刘少奇同志在“八大”的报告，颇有些感想，觉得你跟我有些地方还是不够顾到群众，不会用适当的方法去接近、去启发群众。希望你静下来把这次回来的经过细想一想，可以得出许多有益的结论。尤其是我急躁的脾气，应当作为一面镜子，随时使你警惕。感情问题，务必要自己把握住，要坚定，要从大处远处着眼，要顾全局，不要单纯的逞一时之情，要极冷静，要顾到几个人的幸福，短视的软心往往会对人对己造成长时期的不必要的痛苦！孩子，这些话千万记住。爸爸妈妈最不放心的就是这些。

学习方面，我还要重复一遍：重点计划必不可少。平日生活要过得有规律一些，晚上睡觉切勿太迟。你走了，仍有多方面的人反映，关心你的健康。睡眠太迟与健康最有影响。这些你都得深自克制！

十月十日深夜

在京录些什么，望告诉我们！

我也代你买了一份第七集《宋人画册》《麦积山石窟》、刘开渠编的《中国古代雕塑集》共三种；你在京是否也买了？望速来信，免得那么厚重的图书寄双份给你。

这次回国太吃力了，望好好休息！

你随身带去的许多礼物，希望你不要糊里糊涂乱送，留些慢慢作为新年及圣诞礼物用。好容易你能够带了去，也不要太随便，实在得之不易。生活一定要有规律，饮食要好，这一点我不愿节省。

妈妈　附笔

一九五七年

1957年3月，47岁的傅雷作为特邀代表，赴京列席中共中央宣传工作会议。同年，傅雷遭到作家协会数次批判，工作陷入停滞。

1957.3.18

亲爱的孩子：

昨天寄了一信，附传达报告七页。兹又寄上传达报告四页。还有别的材料，回沪整理后再寄。在京实在抽不出时间来，东奔西跑，即使有车，也很累。这两次的信都硬撑着写的。

毛主席的讲话，那种口吻、音调，特别亲切平易，极富于幽默感；而且没有教训口气，速度恰当，间以适当的pause［停顿］，笔记无法传达。他的马克思主义是到了化境的，随手拈来，都成妙谛，出之以极自然的态度，无形中渗透听众的心。讲话的逻辑都是隐而不露，真是艺术高手。

沪上文艺界半年来有些苦闷，地方领导抓得紧，仿佛一批评机关缺点，便会煽动群众；报纸上越来越强调“肯定”，老谈一套“成绩是主要的，缺点是次要的”等等（这话并不错，可是老挂在嘴上，就成了八股）。毛主席大概早已嗅到这股味儿，所以从一月十八日至二十七日就在全国省市委书记大会上提到百家争鸣问题，二月底的最高国务会议更明确的提出，这次三月十二日对我们的讲话，更为具体，可见他的思考也在逐渐往深处发展。他再三说人民内部矛盾如何处理对党也是一个新问题，需要与党外人士共同研究；党内党外合在一起谈，有好处；今后三五年内，每年要举行一次。他又嘱咐各省市委也要召集党外人士共同商量党内的事。他的胸襟宽大，思想自由，和我们旧知识分子没有分别，加上极灵活的运用辩证法，当然国家大事掌握得好了。毛主席是真正把古今中外的哲理融会贯通了的人。

我的感觉是百花齐放、百家争鸣确是数十年的教育事业，我们既要耐心等待，又要友好斗争；自己也要时时刻刻求进步—— 所谓自我改造。教条主义官僚主义，我认为主要有下列几个原因：一是阶级斗争太剧烈了，老干部经过了数十年残酷内战与革命，到今日已是中年以上，生理上即已到了衰退阶段；再加多数人身上带着病，精神更不充沛，求知与学习的劲头自然不足了。二是阶级斗争时敌人就在面前，不积极学习战斗就得送命，个人与集体的安全利害紧接在一起；革命成功了，敌人远了，美帝与原子弹等等，近乎抽象的威胁，故不大肯积极学习社会主义建设的门道。三是革命成功，多少给老干部一些自满情绪，自命为劳苦功高，对新事物当然不大愿意屈尊去体会。四是社会发展得快，每天有多少事需要立刻决定，既没有好好学习，只有简单化，以教条主义官僚主义应付。这四点是造成官僚、主观、教条的重要因素。否则，毛主席说过“我们搞阶级斗争，并没先学好一套再来，而是边学边斗争的”；为什么建设社会主义就不能边学边建设呢？反过来，我亲眼见过中级干部从解放军复员而做园艺工作，四年工夫已成了出色的专家。佛子岭水库的总指挥也是复员军人出身，遇到工程师们各执一见、相持不下时，他出来凭马列主义和他专业的学习，下的结论，每次都很正确。可见只要年富力强，只要有自信，有毅力，死不服气的去学技术，外行变为内行也不是太难的。党内要是这样的人再多一些，官僚主义等等自会逐步减少。

毛主席的话和这次会议给我的启发很多，下次再和你谈。

从马先生处知道你近来情绪不大好，你看了上面这些话，或许会好一些。千万别忘了我们处在大变动时代，我国如此，别国也如此。毛主席只有一个，别国没有，弯路不免多走一些，知识分子不免多一些苦闷，这是势所必然，不足为怪的。苏联的失败经验省了我们许多力气；中欧各国将来也会参照我们的做法慢慢的好转。在一国留学，只能集中精力学其所长；对所在国的情形不要太忧虑，自己更不要因之而沮丧。我常常感到，真正积极、真正热情、肯为社会主义事业努力的朋友太少了，但我还是替他们打气，自己还是努力斗争。到北京来我给楼伯伯、庞伯伯、马先生打气。

自己先要锻炼得坚强，才不会被环境中的消极因素往下拖，才有剩余的精力对朋友们喊“加油加油”！你目前的学习环境真是很理想了，尽量钻研吧。室外的低气压，不去管它。你是波兰的朋友，波兰的儿子，但赤手空拳，也不能在他们的建设中帮一手。惟一报答她的办法是好好学习，把波兰老师的本领，把波兰音乐界给你的鼓励与启发带回到祖国来，在中国播一些真正对波兰友好的种子。他们的知识分子彷徨，你可不必彷徨。伟大的毛主席远远的发出万丈光芒，照着你的前路，你得不辜负他老人家的领导才好。

我也和马先生、庞伯伯细细商量过，假如改往苏联学习，一般文化界的空气也许要健全些，对你有好处；但也有一些教条主义味儿，你不一定吃得消；日子长了，你也要叫苦。他们的音乐界，一般比较属于cold［冷静］型，什么时候能找到一个老师对你能相忍相让，容许你充分自由发展的，很难有把握。马先生认为苏联的学派与教法与你不大相合。我也同意此点。最后，改往苏联，又得在语言文字方面重起炉灶，而你现在是经不起耽搁的。周扬先生听我说了杰老师的学问，说：“多学几年就多学几年吧。”（几个月前，夏部长有信给我，怕波兰动荡的环境，想让你早些回国。现在他看法又不同了。）

你该记得，胜利以前的一年，我在上海集合十二三个朋友（内有宋伯伯、姜椿芳、两个裘伯伯等等），每两周聚会一次，由一个人做一个小小学术讲话；然后吃吃茶点，谈谈时局，交换消息。那个时期是我们最苦闷的时期，但我们并不消沉，而是纠集了一些朋友自己造一个健康的小天地，暂时躲一下。你现在的处境和我们那时大不相同，更无须情绪低落。

我的性格的坚韧，还是值得你学习的。我的脆弱是在生活细节方面，可不在大问题上。希望你坚强，想想过去大师们的艰苦奋斗，想想克利斯朵夫那样的人物，想想莫扎特、贝多芬；挺起腰来，不随便受环境影响！别人家的垃圾，何必多看？更不必多烦心。做客应当多注意主人家的美的地方；你该像一只久饥的蜜蜂，尽量吮吸鲜花的甘露，酿成你自己的佳蜜。何况你既要学piano［钢琴］，又要学理论，又要弄通文字，整天在艺术、学术的空气中，忙还忙不过来，怎会有时间多想邻人的家务事呢？

亲爱的孩子，听我的话吧，爸爸的一颗赤诚的心，忙着为周围的几个朋友打气，忙着管闲事，为社会主义事业尽一分极小的力，也忙着为本门的业务加工，但求自己能有寸进；当然更要为你这儿子做园丁与警卫的工作：这是我的责任，也是我的乐趣。多多休息，吃得好，睡得好，练琴时少发泄感情，（谁也不是铁打的！）生活有规律些，自然身体会强壮，精神会饱满，一切会乐观。万一有什么低潮来，想想你的爸爸举着他一双瘦长的手臂远远的在支撑你；更想想有这样坚强的党、政府与毛主席，时时刻刻做出许多伟大的事业，发出许多伟大的言论，无形中但是有效的在鼓励你前进！平衡身心，平衡理智与感情，节制肉欲，节制感情，节制思想，对像你这样的青年是有好处的。修养是整个的，全面的；不仅在于音乐，特别在于做人—— 不是狭义的做人，而是包括对世界、对政局的看法与态度。

二十世纪的人，生在社会主义国家之内，更需要冷静的理智，惟有经过铁一般的理智控制的感情才是健康的，才能对艺术有真正的贡献。

孩子，我千言万语也说不完，我相信你一切都懂，问题只在于实践！我腰酸背疼，两眼昏花，写不下去了。我祝福你，我爱你，希望你强，更强，永远做一个强者，有一颗慈悲的心的强者！

爸爸　三月十八日深夜

明天下午五时车回沪；不久还有材料给你。

1957.9.25

亲爱的聪：

收到你二十二日夜写的信，很高兴你经过了一番锻炼后，得到深刻的教育，使你有机会痛改前非；他们向你提的意见，就是你在家时我们提的意见。可知大家对你的爱护是一致的。

你现在思想方面，固然认识有所提高，但在感情方面是否也认识清楚了呢？你初回家时，晚上在园子里爸爸对你讲的一番话，一番分析，你现在的头脑应该比较冷静，可以好好想一想，是否有所清醒呢！要是一个人的幸福建筑在人家的痛苦上，不是彻头彻尾的个人主义，也就是小资产阶级的意识么！为了国家，为了广大人民，为了你自己的一生，为了你的艺术，是不是应该把事情看得远一些，为了将来的幸福而忍受一下眼前的苦闷呢！

回想二十年前，我跟你爸爸的情形，那时你五岁，弟弟二岁，我内心的斗争是剧烈的，为了怨恨，不能忍受，我可以一走了之；可是我再三考虑，觉得不是那么简单，我走了，孩子要吃苦，我不应该那么任性、自私，为了一个“我”而牺牲了你们的幸福。[1]我终于委曲求全的忍受了下来。反过来想一想，要是你爸爸当时也只为了眼前的幸福而不顾一切，那么，今天还有你们吗？还有我们这个美满的家庭吗？那是不可想象的。所以幸福是拿或多或少的痛苦换来的。眼前的，短时期

1. 傅雷在上海美专任教时，钟情于学生成家和的妹妹成家榴，即后文中的好好爹爹。

的幸福往往种下了将来的，长期的，甚至下一代痛苦的根，这是最值得深思的。常常要设身处地的为人家想，这也是化“大我”为“小我”的一例。

我们做父母的，决不自私。对人家的婚姻，有美满的，有痛苦的，看也看得多了，因此对你敲敲警钟，无非出于爱子之心。

音乐会开不开？最近的思想情况，希望随时报告。护照签好了吗？飞机票也要去签字的，办好了吗？不多谈了，等你来信！

妈妈　九月二十五日　下午二时

1957.12.23

亲爱的聪：

你回波后只来过一封信，心里老在挂念。不知你身体怎样？学习情况如何？心情安宁些了吗？我常常梦见你，甚至梦见你又回来了。

作协批判爸爸的会，一共开了十次，前后作了三次检讨，最后一次说是进步了，是否算是结束，还不知道。爸爸经过这次考验，总算有些收获，就是人家的意见太尖锐了或与事实不符，多少有些难受，神经也紧张，人也瘦了许多，常常失眠，掉了七磅。工作停顿，这对他最是痛苦，因为心不定。最近看了些马列主义的书，对他思想问题解决了许多。五个月来，爸爸痛苦，我也跟着不安，所以也瘦了四磅。爸爸说他过去老是看人家好的地方，对有实力的老朋友更是如此，活到五十岁了，才知道看人不是那么简单，老朋友为了自己的利害关系，会出卖朋友，提意见可以乱提，甚至造谣，还要反咬一口，如徐铸成，裘柱常都是，好在爸爸问心无愧，实事求是。可是从会上就看出了一个人的真正品质，使他以后做人要提高警惕。爸爸做人，一向心直口快，从来不知“提防”二字，而且大小事情一律认真对付，不怕暴露思想；这次的教训可太大太深了。我就更连带想起你，你跟爸爸的性格，有许多相同的地方，而且有过之，真令人不寒而栗。

想你在北京整风学习时也经历过一次，应该从中吸取教训，再加上爸爸的例子，你以后一定要审慎，要站稳立场，讲话不能乱讲，不能脱口而出，非思索过不可。看人看事，更不可太简单，常言道“祸从口出，病从口入”，千万牢记在心！你是极易冲动、很难控制的人，加上嫉妒你的人又多，所以一举一动要格外小心，我们最担心的就是这一点，望好自为之。

日子过得真快，阳历元旦就在眼前了，你多少有些应酬吧！波兰女钢琴家斯坦番斯卡来沪演出，情况相当热烈，我们因心绪不佳，没有去听，只在无线电里听。望将近况告知，切盼切盼！祝新年快乐！

妈妈　十二月二十三日

爸爸常常要头痛，要过些时候写信给你。

一九五八年

反“右”运动开始后，傅雷被错划为“右派分子”，翻译作品无法出版，深感痛苦，深居简出。

1958.8.2

亲爱的聪：

自从四月里接到你的信到现在，足足三个多月了，只字未见，真不知如何的惦念！天天想写信，也天天等你的信，你说叫我们放心，其实怎能放得下心。就是学习忙，工作忙，随便涂几笔，略告些近况，对我们来说于愿已足了。不知你身体如何？为什么几个月的不写信？对我们你是没有顾忌的，应该同忧同乐。阿敏来信，也说写了信给你，始终无回音。七月十九日，他有个波兰同学回国，托他带了些书给你，想你早已收到了吧！国内有时有谣言，说你回来了，我们莫名其妙，不管怎样，你要回来，你总会先写信通知我们的。千句并一句，我们只希望你的来信，多么令人思念的信！

爸爸虽然身体不好，常常失眠，你知道他向来是以工作为乐的，所以只要精神身体吃得消，一面努力学习马列主义，作为自我改造的初步，来提高自己的政治认识、理论基础；一面做些翻译的准备工作。不接到你的信，使他魂梦不安，常常说梦话，这一点是很痛苦的。爸爸这一年来似乎衰老了许多，白发更多了。我也较去年瘦了许多，常常要脸肿脚肿，都是心脏不健全的迹象。孩子，接到此信，赶快写信来，只有你的信，是我同你爸爸惟一的安慰！

阿敏今年不回来，忙得很，信倒常常来的。不多谈了，再见！

妈妈　八月二日

一九五九年

1958年末，傅聪自波兰出走英国，遭到国内非议。逆境中的傅雷夫妇获悉后异常震惊，也因傅聪此举受到波及。

1959.3.12

一、对外只谈艺术，言多必失，防人利用。

二、行动慎重，有事多与老辈商量，三思而行。

三、生活节俭，用钱要计算。

四、爸爸照常工作。

一九五九年三月十二日

1959.10.1

孩子：

十个月来我的心绪你该想象得到；我也不想千言万语多说，以免增加你的负担。你既没有忘怀祖国，祖国也没有忘了你，始终给你留着余地，等你醒悟。我相信：祖国的大门是永远向你开着的。

好多话，妈妈已说了，我不想再重复。但我还得强调一点，就是：适量的音乐会能刺激你的艺术，提高你的水平；过多的音乐会只能麻痹你的感觉，使你的表演缺少生气与新鲜感，从而损害你的艺术。你既把艺术看得比生命还重，就该忠于艺术，尽一切可能为保持艺术的完整而奋斗。这个奋斗中目前最重要的一个项目就是：不能只考虑需要出台的一切理由，而要多考虑不宜于多出台的一切理由。其次，千万别做经理人的摇钱树！他们的一千零一个劝你出台的理由，无非是趁艺术家走红的时期多赚几文，哪里是为真正的艺术着想！一个月七八次乃至八九次音乐会实在太多了，大大的太多了！长此以往，大有成为钢琴匠，甚至奏琴的机器的危险！你的节目存底很快要告罄的；细水长流才是办法。若是在如此繁忙的出台以外，同时补充新节目，则人非钢铁，不消数月，会整个身体垮下来的。没有了青山，哪还有柴烧？何况身心过于劳累就会影响到心情，影响到对艺术的感受。这许多道理想你并非不知道，为什么不挣扎起来，跟经理人商量——必要时还得坚持——减少一半乃至一半以上的音乐会呢？我猜你会回答我：目前都已答应下来，不能取消，取消了要赔人损失等等。可是你能否把已定的音乐会一律推迟一些，中间多一些空隙呢？否则，万一临时病倒，还不是照样得取消音乐会？难道捐税和经理人的佣金真是奇重，你每次所得极微，所以非开这么多音乐会就活不了吗？来信既说已经站稳脚跟，那么一个月只登台一二次（至多三次）也不用怕你的名字冷下去。决定性的仗打过了，多打零星的不精彩的仗，除了浪费精力、报效经理人以外，毫无用处，不但毫无用处，还会因表演得不够理想而损害听众对你的印象。你如今每次登台都与国家面子有关；个人的荣辱得失事小，国家的荣辱得失事大！你既热爱祖国，这一点尤其不能忘了。为了身体，为了精神，为了艺术，为了国家的荣誉，你都不能不大大减少你的演出。为这件事，我从接信以来未能安睡，往往为此一夜数惊！

还有你的感情问题怎样了？来信一字未提，我们却一日未尝去心。我知道你的性格，也想象得到你的环境；你一向滥于用情；而即使不采主动，被人追求时也免不了虚荣心感到得意：这是人之常情，于艺术家为尤甚，因此更需警惕。你成年已久，到了二十五岁也该理性坚强一些了，单凭一时冲动的行为也该能多克制一些了。不知事实上是否如此？要找永久的伴侣，也得多用理智考虑勿被感情蒙蔽！情人的眼光一结婚就会变，变得你自己都不相信：事先要不想到这一着，必招后来的无穷痛苦。除了艺术以外，你在外做人方面就是这一点使我们操心。因为这一点也间接影响到国家民族的荣誉，英国人对男女问题的看法始终清教徒气息很重，想你也有所发觉，知道如何自爱了；自爱即所以报答父母，报答国家。

真正的艺术家，名副其实的艺术家，多半是在回想中和想象中过他的感情生活的。惟其能把感情生活升华才给人类留下这许多杰作。反复不已的、有始无终的，没有结果也不可能有结果的恋爱，只会使人变成唐·璜，使人变得轻薄，使人—— 至少—— 对爱情感觉麻痹，无形中流于玩世不恭；而你知道，玩世不恭的祸害，不说别的，先就使你的艺术颓废；假如每次都是真刀真枪，那么精力消耗太大，人寿几何，全部贡献给艺术还不够，怎容你如此浪费！歌德的《少年维特之烦恼》的故事，你总该记得吧。要是歌德没有这大智大勇，历史上也就没有歌德了。你把十五岁到现在的感情经历回想一遍，也会怅然若失了吧？也该从此换一副眼光、换一种态度、换一种心情来看待恋爱了吧？—— 总之，你无论在订演出合同方面，在感情方面，在政治行动方面，主要得避免“身不由主”，这是你最大的弱点。—— 在此举国欢腾、庆祝十年建国十年建设十年成就的时节，我写这封信的心情尤其感触万端，非笔墨所能形容。孩子，珍重，各方面珍重，千万珍重，千万自爱！

爸爸　一九五九年国庆

一九六零年

1960年，傅聪与著名音乐家梅纽因之女弥拉订婚，傅雷夫妇接到喜讯备感欣慰。

1960.1.10

孩子：

看到国外对你的评论很高兴。你的好几个特点已获得一致的承认和赞许，例如你的tone［音调］，你的touch［处理］，你对细节的认真与对完美的追求，你的理解与风格，都已受到注意。有人说莫扎特《第二十七钢琴协奏曲》（K.595）［作品五九五号］第一乐章是healthy［健康］，extrovert allegro［外向快板］，似乎与你的看法不同，说那一乐章健康，当然没问题，说“外向”（extrovert）恐怕未必。另一批评认为你对K.595［作品五九五号］第三乐章的表达“His sensibility is more passive than creative［他（指你）的情感是被动的，而非创造性的］”，与我对你的看法也不一样。还有人说你弹肖邦的*Ballades*［《叙事曲》］和*Scherzo*［《诙谐曲》］中某些快的段落太快了，以致妨碍了作品的明确性。这位批评家对你三月和十月的两次肖邦都有这个说法，不知实际情形如何？从节目单的乐曲说明和一般的评论看，好像英国人对莫扎特并无特别精到的见解，也许有这种学者或艺术家而并没写文章。

以三十年前的法国情况做比，英国的音乐空气要普遍得多。固然，普遍不一定就是水平高，但质究竟是从量开始的。法国一离开巴黎就显得闭塞，空无所有；不像英国许多二等城市还有许多文化艺术活动。不过这是从表面看；实际上群众的水平，反应如何，要问你实地接触的人了。望来信告知大概。你在西欧住了一年，也跑了一年，对各国音乐界多少有些观感，我也想知道。便是演奏场子吧，也不妨略叙一叙。例如以音响效果出名的Festival Hall［节日音乐厅］究竟有什么特点等等。

结合听众的要求和你自己的学习，以后你的节目打算向哪些方面发展？是不是觉得舒伯特和莫扎特目前都未受到应有的重视，加上你特别有心得，所以着重表演他们两个？你的普罗科菲耶夫和肖斯塔科维奇的奏鸣曲，都还没出过台，是否一般英国听众不大爱听现代作品？你早先练好的巴托克协奏曲是第几支？听说他的协奏曲以第三最时行。你练了贝多芬第一，是否还想练第三？弹过勃拉姆斯的大作品后，你对浪漫派是否感觉有所改变？对舒曼和弗兰克是否又恢复了一些好感？当然，终身从事音乐的人对那些大师可能一辈子翻来覆去要改变好多次态度；我这些问题只是想知道你现阶段的看法。

近来又随便看了些音乐书。有些文章写得很扎实，很客观。一个英国作家说到李斯特，有这么一段："我们不大肯相信，一个涂脂抹粉、带点俗气的姑娘会跟一个朴实无华的不漂亮的姊妹人品一样好；同样，我们也不容易承认李斯特的光华灿烂的钢琴奏鸣曲会跟舒曼或勃拉姆斯的棕色的和灰不溜秋的奏鸣曲一样精彩。"（见*Heritage of Music* – 2nd Series p.196［《音乐的遗产》第二集第196页］）接下去他断言那是英国人的清教徒气息作怪。他又说大家常弹的李斯特都是他早年的炫耀技巧的作品，给人一种条件反射，听见李斯特的名字就觉得俗不可耐；其实他的奏鸣曲是pure gold［纯金］，而后期的作品有些更是严峻到极点。这些话我觉得颇有道理。一个作家很容易被流俗歪曲，被几十年以至上百年的偏见埋没。那部*Heritage of Music*我有三集，值得一读，论肖邦的一篇也不错，论比才的更精彩，执笔的Martin Cooper［马丁·库帕］在二月九日《每日电讯》上写过批评你的文章。"集"中文字深浅不一，需要细看，多翻字典，注意句法。

有几个人评论你的演奏都提到你身体瘦弱。由此可见你自己该如何保养身体，充分休息。今年夏天务必抽出一个时期去过暑假！来信说不能减少演出的理由，我很懂得，但除非为了生活所迫，下一届订合同务必比这一届合理减少一些演出。要打天下也不能急，要往长里看。养精蓄锐、精神饱满的打决定性的仗比零碎仗更有效。何况你还得学习，补充节目，注意其他方面的修养；除此之外，还要有充分的休息！

你不依靠任何政治经济背景，单凭艺术立足，这也是你对己对人对祖国的最起码而最主要的责任！当然极好，但望永远坚持下去，我相信你会坚持，不过考验你的日子还未来到。至此为止你尚未遇到逆境。真要过了贫贱日子才真正显出“贫贱不能移”！居安思危，多多锻炼你的意志吧。

节目单等等随时寄来。法、比两国的评论有没有？你的Steinway［斯坦威］是七尺的？九尺的？几星期来闹病闹得更忙，连日又是重伤风又是肠胃炎，无力多写了。诸事小心，珍重珍重！

爸爸　一月十日

1960.8.5

孩子：

两次妈妈给你写信，我都未动笔，因为身体不好，精力不支。不病不头痛的时候本来就很少，只能抓紧时间做些工作；工作完了已筋疲力尽，无心再做旁的事。人老了当然要百病丛生，衰老只有早晚之别，绝无不来之理，你千万别为我担忧。我素来对生死看得极淡，只是鞠躬尽瘁，活一天做一天工作，到有一天死神来叫我放下笔杆的时候才休息。如是而已。弄艺术的人总不免有烦恼，尤其是旧知识分子处在这样一个大时代。你虽然年轻，但是从我这儿沾染的旧知识分子的缺点也着实不少。但你四五年来来信，总说一投入工作就什么烦恼都忘了；能这样在工作中乐以忘忧，已经很不差了。我们二十四小时之内，除了吃饭睡觉总是工作的时间多，空闲的时间少；所以即使烦恼，时间也不会太久，你说是不是？不过劳逸也要调节得好：你弄音乐，神经与感情特别紧张，一年下来也该彻底休息一下。暑假里到乡下去住个十天八天，不但身心得益，便是对你的音乐感受也有好处。何况入国问禁，入境问俗，对他们的人情风俗也该体会观察。老关在伦敦，或者老是忙忙碌碌在各地奔走演出，一点不接触现实，并不相宜。见信后望立刻收拾行装，出去歇歇，即是三五天也是好的。

你近来专攻斯卡拉蒂，发现他的许多妙处，我并不奇怪。这是你喜欢韩德尔以后必然的结果。斯卡拉蒂的时代，文艺复兴在绘画与文学园地中的花朵已经开放完毕，开始转到音乐；人的思想感情正要求在另一种艺术中发泄，要求更直接刺激感官，比较更缥缈更自由的一种艺术，就是音乐，来满足它们的需要。所以当时的音乐作品特别有朝气，特别清新，正如文艺复兴前期绘画中的波提切利，而且音乐规律还不像十八世纪末叶严格，有才能的作家容易发挥性灵。何况欧洲的音乐传统，在十七世纪时还非常薄弱，不像绘画与雕塑早在古希腊就有登峰造极的造诣（雕塑在公元前六至四世纪，绘画在公元前一世纪至公元后一世纪）。一片广大无边的处女地正有待于斯卡拉蒂及其以后的人去开垦。写到这里，我想你应该常去大英博物馆，那儿的艺术宝藏可说一辈子也享受不尽；为了你总的（全面的）艺术修养，你也该多多到那里去学习。

你以前对英国批评家的看法，太苛刻了些。好的批评家和好的演奏家一样难得；大多数只能是平平庸庸的“职业批评家”。但寄回的评论中有几篇的确写得很中肯。例如五月七日*Manchester Guardian*［《曼彻斯特卫报》］上署名 J. H. Elliot［埃利奥特］写的《从东方来的新的启示》（*New Light from the East*）说你并非完全接受西方音乐传统，而另有一种清新的前人所未有的观点。又说你离开西方传统的时候，总是以更好的东西去代替；而且即使是西方文化最严格的卫道者也不觉你的脱离西方传统有什么“乖张”“荒诞”，炫耀新奇的地方。这是真正理解到了你的特点。你能用东方人的思想感情去表达西方音乐，而仍旧能为西方最严格的卫道者所接受，就表示你的确对西方音乐有了一些新的贡献。我为之很高兴。且不说这也是东风压倒西风的表现之一，并且正是中国艺术家对世界文化应尽的责任；惟有不同种族的艺术家，在不损害一种特殊艺术的完整性的条件之下，能灌输一部分新的血液进去，世界的文化才能愈来愈丰富，愈来愈完满，愈来愈光辉灿烂。希望你继续往这条路上前进！还有一月二日*Hastings Observer*［《黑斯廷斯观察家报》]上署名Allan Biggs[阿伦·比格斯]写的一篇评论，显出他是衷心受了感动而写的，全文没有空洞的赞美，处处都着着实实指出好在哪里。看来他是一位年纪很大的人了，因为他说在一生听到的上千钢琴家中，只有Pachmann[帕赫曼]与Moiseiwitsch[莫伊塞维奇]两个，有你那样的魅力。Pachmann已经死了多少年了，而且他听到过"上千"钢琴家，准是个苍然老叟了。关于你唱片的专评也写得好。

要写的中文不洋化，只有多写。写的时候一定打草稿，细细改过。除此以外并无别法。特别把可要可不要的字剔干净。

身在国外，靠艺术谋生而能不奔走于权贵之门，当然使我们安慰。我相信你一定会坚持下去。这点儿傲气也是中国艺术家最优美的传统之一，值得给西方做个榜样。可是别忘了一句老话：岁寒而后知松柏之后凋。你还没经过"岁寒"的考验，还得对自己提高警惕才好！一切珍重！千万珍重！

爸爸　一九六〇年八月五日

1960.8.29

亲爱的孩子：

八月二十日报告的喜讯使我们心中说不出的欢喜和兴奋。你在人生的旅途中踏上一个新的阶段，开始负起新的责任来，我们要祝贺你、祝福你、鼓励你。希望你拿出像对待音乐艺术一样的毅力、信心，虔诚，来学习人生艺术中最高深的一课。但愿你将来在这一门艺术中得到像你在音乐艺术中一样的成功！发生什么疑难或苦闷，随时向一两个正直而有经验的中、老年人讨教，（你在伦敦已有一年八个月，也该有这样的老成的朋友吧？）深思熟虑，然后决定，切勿单凭一时冲动：只要你能做到这几点，我们也就放心了。

对终身伴侣的要求，正如对人生一切的要求一样不能太苛。事情总有正反两面：追得你太迫切了，你觉得负担重；追得不紧了，又觉得不够热烈。温柔的人有时会显得懦弱，刚强了又近乎专制。幻想多了未免不切实际，能干的管家太太又觉得俗气。只有长处没有短处的人在哪儿呢？世界上究竟有没有十全十美的人或事物呢？抚躬自问，自己又完美到什么程度呢？这一类的问题想必你考虑过不止一次。我觉得最主要的还是本质的善良，天性的温厚，开阔的胸襟。有了这三样，其他都可以逐渐培养；而且有了这三样，将来即使遇到大大小小的风波也不致变成悲剧。做艺术家的妻子比做任何人的妻子都难；你要不预先明白这一点，即使你知道“责人太严，责己太宽”，也不容易学会明哲、体贴、容忍。只要能代你解决生活琐事，同时对你的事业感到兴趣就行，对学问的钻研等等暂时不必期望过奢，还得看你们婚后的生活如何。眼前双方先学习相互的尊重、谅解、宽容。

对方把你作为她整个的世界固然很危险，但也很宝贵！你既已发觉，一定会慢慢点醒她；最好旁敲侧击而勿正面提出，还要使她感到那是为了维护她的人格独立，扩大她的世界观。倘若你已经想到奥里维的故事，不妨就把那部书叫她细读一二遍，特别要她注意那一段插曲。像雅葛丽纳那样只知道love，love，love！［爱，爱，爱！］的人只是童话中人物，在现实世界中非但得不到love，连日子都会过不下去，因为她除了love一无所知，一无所有，一无所爱。这样狭窄的天地哪像一个天地！这样片面的人生观哪会得到幸福！无论男女，只有把兴趣集中在事业上、学问上、艺术上，尽量抛开渺小的自我（ego），才有快活的可能，才觉得活的有意义。未经世事的少女往往会存一个荒诞的梦想，以为恋爱时期的感情的高潮也能在婚后维持下去。这是违反自然规律的妄想。古语说，“君子之交淡如水”；又有一句话说，“夫妇相敬如宾”。可见只有平静、含蓄、温和的感情方能持久；另外一句的意义是说，夫妇到后来完全是一种知己朋友的关系，也即是我们所谓的终身伴侣。未婚之前双方能深切领会到达一点，就为将来打定了最可靠的基础，免除了多少不必要的误会与痛苦。

你是以艺术为生命的人，也是把真理、正义、人格等等看做高于一切的人，也是以工作为乐的人；我用不着唠叨，想你早已把这些信念表白过，而且竭力灌输给对方的了。我只想提醒你几点：第一，世界上最有力的论证莫如实际行动，最有效的教育莫如以身作则；自己做不到的事千万勿要求别人；自己也要犯的毛病先批评自己，先改自己的。第二，永远不要忘了我教育你的时候犯的许多过严的毛病。我过去的错误要是能使你避免同样的错误，我的罪过也可以减轻几分；你受过的痛苦不再施之于他人，你也不算白白吃苦。总的来说，尽管指点别人，可不要给人“好为人师”的感觉。奥诺丽纳（你还记得巴尔扎克那个中篇吗）的不幸一大半是咎由自取，一小部分也因为丈夫教育她的态度伤了她的自尊心。凡是童年不快乐的人都特别脆弱（也有训练得格外坚强的，但只是少数），特别敏感，你回想一下自己，就会知道对待你的爱人要如何delicate［温柔］，如何discreet［小心］了。

我相信你对爱情问题看得比以前更郑重更严肃了；就在这考验时期，希望你更加用严肃的态度对待一切，尤其要对婚后的责任先培养一种忠诚、庄严、虔敬的心情！

转达我对Zamira［扎弥拉］的祝福，我很愿意和她通信。（她通法文否，望告我。因我写法文比英文方便。）也望转致我们对她父亲的敬意和仰慕。

愿你诸事顺利，一切保重！

爸爸　一九六〇年八月二十九日

亲爱的聪：

今天接到你的喜讯，真是说不出的高兴，做母亲的愿望总算实现了。男大当婚，女大当嫁，这是天经地义的事，但愿你跟Zamira姻缘美满，我们为儿女担的心也算告一段落。她既美丽、聪明、温柔，对你是最合适了；我常常讲，聪找的对象一定要有这样的条件，因为我跟你爸爸的结合，能够和平相处，就是一个很显著的例子。只要真正认识对方，了解对方，就是受些委屈，也是不计较的。归根结底，到底自己也有错误的地方。希望你不要太苛求，看事情不要太认真，平易近人，总是给人一种体贴亲切之感。尤其对你终身的伴侣，不可三心二意，要始终如一。只要你们真正相爱、互相容忍、互相宽恕，难免的小波折很快会烟消云散。尤其你自己身上的缺点很多，你太像父亲了，只要有自知之明，你的爱人就会幸福。还有一点要提醒你，以后再也不要怀念童年的初恋，人家早已成了家，不但想了无用，而且无意中流露出来，也徒然增加你现在爱人的误会，那是最犯忌的，也是没有意义的。爸爸已经说了许多，而且都是经验之谈，我们在人生的旅途上走了几十年，非但结合自己的经历，而且朋友之中多多少少悲欢离合的事也看得很多，所以尽量告诉你，目的就是希望你们永远幸福。

HMV寄来十张唱片，于八月二十五日花了七十五元多的税款，很顺利地收到了。全是精彩的唱片，敏也算运气，今晚动身，差不多全部听完了，我们都极为欣赏。你自己灌的唱片还是没收到，你得亲自去交涉一下。虽然你自己灌得不满意，可是对我们来讲，都是宝贵的，当作你某一阶段的成绩，也应该收集。法文书也于昨天收到，太好了，孩子，我们很高兴。昨晚我为之兴奋得失眠，希望看到你和Zamira的照片！敏今晚半夜走，一共前后二十天，跟爸爸读了一篇小文章，也是很匆促的。他的腰痛是劳动后受了寒，伤了筋，叫推拿医生推了十几次，现在好些了。急于把信寄出，不多谈了，

祝快乐！并问Zamira好！

妈妈　八月二十九日

1960.11.13

亲爱的孩子：

十月二十二日寄你和弥拉的信各一封，想你瑞典回来都看到了吧？—— 前天（十一月十一日）寄出法译《毛主席诗词》一册、英译关汉卿（元人）《剧作选》一册、曹禺《日出》一册、冯沅君《中国古典文学小史》一册（四册共一包都是给弥拉的）；又陈老莲《花鸟草虫册》一，计十幅，黄宾虹墨笔山水册页五张摄影，笺谱两套共二十张，我和妈妈放大照片两张（友人摄），共作一包：以上均挂号平寄，由苏联转，预计十二月十日前后可到伦敦。陈老莲《花鸟草虫册》还是一九五八年印的，在现有木刻水印中技术最好，作品也选得最精；其中可挑六张，连同封套及打字说明，送弥拉的爸爸，表示我们的一些心意。余四张可留存，将来装饰你的新居。黄氏作品均系原来尺寸，由专门摄影的友人代制，花了不少工夫。其他笺谱有些也可配小玻璃框悬挂。因国内纸张奇紧，印数极少，得之不易，千万勿随便送人；只有真爱真懂艺术的人才可酌送一二（指笺谱）。木刻水印在一切复制技术中最接近原作，工本浩大，望珍视之。西人送礼，尤其是艺术品，以少为贵，故弥拉爸爸送六张陈老莲已绰乎有余。这不是小气，而是合乎国外惯例，同时也顾到我们供应不易。

《敦煌壁画选》（木刻水印的一种，非石印洋纸的一种）你身边是否还有？我尚留着三集俱全的一套，你要的话可寄你。不过那是绝版了一九三五年的东西（木刻印数有限制，后来版子坏了，不能再印），更加名贵，你必须特别爱惜才好。（要否望来信！）

看了此次照片，觉得弥拉更美了，她比瑞士时期肉采丰满，想系恢复健康之故。从她信上可以体会到她性格和顺，天真，同时也严肃，对人对事都认真。为了你们的将来，她正式去学家政，令人感动。不过持家之道主要在乎common sense［常识］，待人接物和处理银钱等等，一切做得合情合理，有计划，有预算。孩子，你该满足了吧，这样一个伴侣对你可有很大帮助。目前你在经历一生最快乐的时期，订了婚，精神有了寄托，只有爱的甜蜜，还没有家庭的责任：你不要“得福不知”！看你照片，身体似乎不坏，精神也平静，我们非常安慰。弥拉极懂音乐，爱好文艺，你们一定相处得很好。在日常工作与休息营养得调节方面，千万多听她的话，别看她年幼，女性在某些事情上比较我们男人实际得多，她们的直觉往往很正确，而且任何年轻的女孩子都有母爱的本能，有些为你身心健康的劝告，更应当多多接受。但愿你脾气好，万万不要像我，要以我的坏脾气作为你的警戒。我最怕在这方面给你不良的影响。你要是能不让爸爸的缺点在你身上发展，便是你对爸爸最好的报答，也是对你的下一代尽了很大的责任。

我多么愿意听听你对自己演奏的意见，特别是人家重点批评过的乐曲或段落，例如此次挪威九月二十六日最长的一篇评论你的Bach［巴赫］，我要知道你自己的看法。还有前信问你对已灌片子的四支*Ballade*［《叙事曲》］的不满意在哪里。别让你爸爸在音乐方面太落后，所以要你谈谈这些问题。

《音乐与音乐家》月刊八月号，有美作曲家Copland［柯普兰］的一篇论列美洲音乐的创作问题，我觉得他根本未接触到关键。他绝未提到美洲人是英、法、德、荷、意、西几种民族的混合；混合的民族要产生新文化，尤其是新音乐，必须一个很长的时期，决非如Copland所说单从jazz［爵士乐］的节奏或印第安人的音乐中就能打出路来。民族乐派的建立，本地风光的表达，有赖于整个民族精神的形成。欧洲的意、西、法、英、德、荷……许多民族，也是从七世纪起由更多的更早的民族杂凑混合起来的。他们都不是经过极长的时期（融和与合流的时期），才各自形成独特的精神面貌，而后再经过相当长的时期在各种艺术上开花结果吗？

你在伦敦别错过looking upon great things［观赏伟大作品］的机会，博物馆和公园对你同样重要。

冬季是你最忙的时候，有些我问你的话或是你想告诉我的话，不妨陆续记在一个本子上，写信时抄在一起，不是又方便又完全吗？

附寄关于黄宾虹的介绍，可妥为保存，等复制品寄到时可再取出与弥拉重读，让她对中国画得到一个初步的概念。

一切保重，休息要充足，工作勿过度！

爸爸　一九六〇年十一月十三日

1960.11.26

亲爱的孩子：

自从弥拉和我们通信以后，好像你有了秘书，自己更少动笔了。知道你忙，精神紧张劳累，也不怪你。可是有些艺术问题非要你自己谈不可。你不谈，你我在精神上艺术上的沟通就要中断，而我在这个孤独的环境中更要感到孤独。除了你，没有人再和我交换音乐方面的意见。而我虽一天天的衰老，还是想多吹吹外面的风。你小时候我们指导你，到了今日，你也不能坐视爸爸在艺术的某一部门中落后！

没想到你们的婚期订得如此近，给我们一个措手不及。妈妈今儿整天在外选购送弥拉和你岳母的礼物。不过也许只能先寄弥拉的，下月再寄另外一包裹。原因详见给弥拉信。礼物不能在你们婚前到达伦敦，妈妈总觉得是件憾事。前信问你有否《敦煌壁画选》，现在我给你作为我给你们俩的新婚纪念品（下周做印刷品寄）。

孩子，你如今正式踏进人生的重要阶段了，想必对各个方面都已严肃认真的考虑过：我们中国人对待婚姻—— 所谓终身大事—— 比西方人郑重得多，你也决不例外；可是夫妇之间西方人比我们温柔得多，delicate［优雅］得多，真有我们古人相敬如宾的作风（当然其中有不少虚伪的，互相欺骗的），想你也早注意到，在此订婚四个月内也该多少学习了一些。至于经济方面，大概你必有妥善的打算和安排。还有一件事，妈妈和我争执不已，不赞成我提出。我认为你们都还年轻，尤其弥拉，初婚后一二年内光是学会当家已是够烦了，是否需要考虑稍缓一二年再生儿育女，以便减轻一些她的负担，让她多轻松一个时期？妈妈反对，说还是早生孩子，宁可以后再节育。但我说晚一些也不过晚一二年，并非十年八年；说不说由我，听不听由你们；知无不言，言无不尽，朋友之间尚且如此，何况父母子女！有什么忌讳呢？你说是不是？我不过表示我的看法，决定仍在你们。而且即使我不说，也许你们已经讨论过这个问题了。弥拉的意思很对，你们该出去休息一个星期。我老是觉得，你离开琴，沉浸在大自然中，多沉思默想，反而对你的音乐理解与感受好处更多。人需要不时跳出自我的牢笼，才能有新的感觉、新的看法，也能有更正确的自我批评。

你对晚期贝多芬的看法是否与以前有所不同？思想上是否更接近了些，还是相反，更远了些？一般批评界对舒伯特与贝多芬的见解，你有哪几点同意，哪几点不同意？—— 他们始终觉得你的莫扎特太精巧，你自己以为如何？

不多写了，祝你婚姻美满，幸福！我们的心永远和你们两人在一起！

爸爸、妈妈　一九六〇年十一月二十六日晚

1960.12.2

亲爱的聪：

知道你们婚期确定以来，我们抱着激动兴奋的心情天天都在盘算日子。你们幸福，我们也跟着幸福。所谓骨肉之亲，所谓爱子情深，只有真爱子女的父母才能深切的体会其中的滋味。我们常常沉浸在回忆中，把你的一生重新温过一遍，想着你在襁褓中的痴肥胖，又淘气又可爱的童年，顽强而多事的少年，一直到半生不熟的去罗马尼亚，出发去参加肖邦的比赛为止：童年时所受的严格的家庭教育，少年时代的发奋用功，出国后的辛勤劳苦，今天的些少成绩，真像电影中的一个个的镜头，历历在目，包括了多少辛酸和多少欢乐！如今你到了人生的高潮，也是一生中最幸福的阶段，开始成家立业了。我们做父母的怎不喜极而涕！尤其做母亲的，想到儿子今后的饮食寒暖，身边琐事，有这样一个理想的弥拉来照顾应付，你也不再觉得孤独，我从此可以交卸责任，一切放心了。可爱的弥拉，虽然我们之间只能从通信中互相了解，可是已感到她性情淳厚，温柔体贴，（她说过她的信永远代替不了你的，你看她多么懂得做父母的心！）绝非虚荣浮夸的女孩子。这是你的福气，也显出你眼光不差。最后我还得叮咛几句：希望你们二人除了相亲相爱之外，永远能互相尊重事事商量，切勿独断专行。生活要严肃，有规律，有节制；经济方面要有计划预算，用钱要适当，总之，行事不可凭冲动，图一时之快，必须深思熟虑；你个人更不可使性。当然，人生永远在学习中，过失难免，只要接受教训，就是深入一步了。

我们觉得最遗憾的是没有尽父母之职，不能代你们做些事，美中不足的又不能参加你们的婚礼。日期如此匆促，使我措手不及，不知买什么送你们好。寄出包裹限制甚严，只能在极小的范围内选购。我接连跑了二天，把东西分做二包，总算很顺利的一次寄出了。一个包直寄你岳母处，内织锦缎二件：黑底大金花的送梅纽因夫人，绿色小花的给弥拉。一个包寄Club，内“和光绉”衣料一件，给弥拉做件中国旗袍（最好做夹的，要配个里子），做时可请教中国朋友设计，也不妨问问恩德。要是弥拉不喜欢旗袍，那么随便她做裙子也好，做单纯的robe［长袍］也好。淡绿色圆形绣花靠枕一对，淡红色缎子靠枕一对，古绣衣袖一对（作小台布用，放在玻璃底下最美，必须避免灰尘），绒花一朵（不理想）。这一些中国产品的小礼物，算不了什么，只能补充你们布置新房的点缀。物少心意重，想你们一定会喜欢的。《敦煌壁画选》要过一个月再寄，因为海关认为一次已寄了二个包，数量太多，故只能当场原封带回。但愿我们早寄的（十一月十一日寄出）一些陈老莲水印画片，能于你们婚前收到，立刻配起框子，就可悬挂。中国人的家多少该有些中国风味，你们看对不对？

昨天接弥拉寄来请帖，又高兴又惭愧，许多应该由我们做的事，都偏劳了梅纽因夫妇，真正说不过去。不知你请哪些中国朋友？恩德的叔叔我想必在被邀之列。他过去帮过你的忙，不能忘了。发请帖最要留意，有时漏掉了会得罪人。望仔细想一想。很高兴弥拉答应将你们结婚情况仔细告诉我们（那当然要等相当时间），让我们分享其乐，真是大大的安慰。

收到我们的信时，恐怕离你婚期只有几天了，你们忙得很！就此停笔。祝你们新婚幸福，健康！

妈妈　十二月二日

一九六一年

傅聪海外演出日益增多，为帮助傅聪提高艺术修养，傅雷在翻译工作之外，用毛笔抄录所译《艺术哲学》六万余字，用时一月有余。

1961.1.5

亲爱的聪、弥拉：

今天接到你们从Malta［马耳他］寄来的信，我们左等右等，无日不在想念你们，真是望眼欲穿了。看到你们二人的信，好像你们的一举一动，一言一笑都在眼前，心里的高兴与温暖是无法言喻的。弥拉说接到我们的信很高兴，可是你们的信，我们也是一样要翻来覆去的看几遍呢，隔了几天还会拿出来温呢！

弥拉虽年轻，但从她几次来信，我深深的感觉到她相当成熟、体贴，使我回想自己结婚的时候比弥拉还年轻：二十岁还不到；当年我幼稚无知，怎么可以同今日的弥拉相比呢！还不是慢慢受了你爸爸的熏陶与影响，才对人生和艺术有所理解，而视野也变得广阔的吗？弥拉对你的了解，比我当时对你爸爸的了解，要深切得多，你太幸运了。现在你们开始共同生活，组织小家庭，中国有句老话“开门七件事，柴米油盐酱醋茶”，看来都是麻烦猥琐得事，但是为了生活，有什么办法呢？关于日常安排，你一定要多听弥拉得主意，因为我们女人总比较实际，不像你一天到晚老在音乐里，在云端里做梦。而且你有时也得从梦境中回到现实世界上来，体验体验家庭生活的繁琐与乐趣。你要知道art of living［生活的艺术］也不是一件容易的事，里面也有不少学问，也许比别的学问更加高深，也得一边学一边做。尤其重要的理财一道，你向来不屑理会，钱糊里糊涂来，糊里糊涂去。现在有弥拉帮你管，你只要开诚布公，尽可让她预算，让她安排，或者共同研究一下，每个月必得从收入中储蓄一部分！—— 我正在看肖邦的传记，他父亲就是一个艰苦奋斗的人，也是极重视孩子教育的人，常常警告肖邦，一定要save money［存钱］，以防万一。现在你成了家，不是bohemian［流浪汉］了，为了二人的生活安全，责任更重，还要为未来的孩子着想。总之play safe first！［求稳是第一位的！］你想，要是你的父母过去生活无计划、无规律，你怎么会得到充分的教育，会有今日呢？虽然我们孜孜不倦的教导你，但是在生活的规律和用钱的得当两点上，始终没对你产生影响，我为之深感遗憾，也是觉得惭愧的，因为总是我们教育的方式方法不好。但是你还年轻，学起来还来得及，何况弥拉这方面比你能干得多，那么好了，就让她来补你的不足。千万别自作聪明，与弥拉闹别扭；我完全相信她的能力（你别低估了她）和善良的心地，倘若她有时在实际问题上坚持，那一定是为了使你的生活过得美满，为你们两人的前途打算。

婚姻究竟是终身大事，你来信不但对结婚的情形只字不提，便是体会及感想也一句没有，这一点不但爸爸觉得奇怪，我也感到意外。下次来信能不能补充些呢？除了5 roses［五支玫瑰］以外，你还送弥拉什么呢？难道你对新娘竟是一点饰物也不送么？有没有wedding ring［婚戒］？

我很担心你们二人的伤风，好了没有？有没有看医生？望你们千万保重，饮食寒暖更要特别注意，不要怕小麻烦，免生大麻烦。平日是不是弥拉自己做菜？做一份人家，的确费事，但是所谓人生，就是那么回事，乐处也在其中呢！

好了，不多谈了，手酸得很，祝你们快乐！

妈妈　一九六一年一月五日

1961.2.5／6／7／8

亲爱的孩子：

上月二十四日宋家婆婆突然病故，卧床不过五日。初时只寻常小恙，到最后十二小时才急转直下。人生脆弱一至于此！我和你妈妈为之四五天不能入睡，伤感难言。古人云秋冬之际，尤难为怀；人过中年也是到了秋冬之交，加以体弱多病，益有草木零落，兔死狐悲之感。但西方人年近八旬尚在孜孜砣砣，穷究学术，不知老之“已”至：究竟是民族年轻，生命力特别旺盛，不若数千年一脉相承之中华民族容易衰老欤？抑是我个人未老先衰，生意索然欤？想到你们年富力强，蓓蕾初放，艺术天地正是柳暗花明，窥得无穷妙境之时，私心艳羡，岂笔墨所能尽宣！

因你屡屡提及艺术方面的希腊精神（Hellenism），特意抄出丹纳《艺术哲学》中第四编“希腊的雕塑”译稿六万余字，钉成一本。原书虽有英译本，但其中神话、史迹、掌故太多，倘无详注，你读来不免一知半解；我译稿均另加笺注，对你方便不少。我每天抄录一段，前后将近一月方始抄完第四编。奈海关对寄外文稿检查甚严，送去十余日尚无音信，不知何时方能寄出，亦不知果能寄出否。思之怅怅。此书原系一九五七年“人文”向我特约，还是王任叔来沪到我家当面说定，我在一九五八至一九五九年间译完，已搁置一年八个月。目前纸张奇紧，一时决无付印之望。

在一切艺术中，音乐的流动性最为突出，一则是时间的艺术，二则是刺激感官与情绪最剧烈的艺术，故与个人的mood［心境］关系特别密切。对乐曲的了解与感受，演奏者不但因时因地因当时情绪而异，即一曲开始之后，情绪仍在不断波动，临时对细节、层次、强弱、快慢、抑扬顿挫，仍可有无穷变化。听众对某一作品平日皆有一根据素所习惯与听熟的印象构成的“成见”，而听众情绪之波动，亦复与演奏者无异：听音乐当天之心情固对其音乐感受大有影响，即乐曲开始之后，亦仍随最初乐句所引起之反应而连续发生种种情绪。此种变化与演奏者之心情变化皆非事先所能预料，亦非临时能由意识控制。可见演奏者每次表现之有所出入，听众之印象每次不同，皆系自然之理。演奏家所以需要高度的客观控制，以尽量减少一时情绪的影响；听众之需要高度的冷静的领会；对批评家之言之不可不信亦不能尽信，都是从上面几点分析中引申出来的结论。音乐既是时间的艺术，一句弹完，印象即难以复按；事后批评，其正确性大有问题；又因为是时间的艺术，故批评家固有之（对某一作品）成见，其正确性又大有问题。况执着旧事物、旧观念、旧形象，排斥新事物、新观念、新印象，原系一般心理，故演奏家与批评家之距离特别大。不若造型艺术，如绘画、雕塑、建筑，形体完全固定，作者自己可在不同时间不同心情之下再三复按，观众与批评家亦可同样复按，重加审查，修正原有印象与过去见解。

按诸上述种种，似乎演奏与批评都无标准可言。但又并不如此。演奏家对某一作品演奏至数十百次以后，无形中形成一比较固定的轮廓，大大的减少了流动性。听众对某一作品听了数十遍以后，也有一个比较稳定的印象——尤其以唱片论，听了数十百次必然会得出一个接近事实的结论。各种不同的心情经过数十次的中和，修正，各个极端相互抵消以后，对某一固定乐曲（既是唱片，则演奏是固定的了，不是每次不同的了，而且可以尽量复按复查）的感受与批评可以说有了平均的、比较客观的价值。个别的听众与批评家，当然仍有个别的心理上精神上气质上的因素，使其平均印象尚不能称为如何客观；但无数“个别的”听众与批评家的感受与印象，再经过相当时期的大交流（由于报章杂志的评论，平日交际场中的谈话，半学术性的讨论争辩而形成的大交流）之后，就可得出一个average［平均］的总和。这个总印象总意见，对某一演奏家的某一作品的成绩来说，大概是公平或近于公平的了—— 这是我对群众与批评家的意见肯定其客观价值的看法，也是无意中与你妈妈谈话时谈出来的，不知你觉得怎样？—— 我经常与妈妈谈天说地，对人生、政治、艺术、各种问题发表各种感想，往往使我不知不觉中把自己的思想整理出一个小小的头绪来。单就这一点来说，你妈妈对我确是大有帮助，虽然不是出于她主动—— 可见终身伴侣的相互帮助有许多完全是不知不觉的。相信你与弥拉之间一定也常有此感。

二月五日上午

昨天敏自京回沪度寒假，马先生交其带来不少唱片借听。昨晚听了维瓦尔第的两支协奏曲，显然是斯卡拉蒂一类的风格，敏说“非常接近大自然”，倒也说得中肯。情调的愉快、开朗、活泼、轻松，风格之典雅、妩媚，意境之纯净、健康，气息之乐观、天真，和声的柔和、堂皇，甜而不俗：处处显出南国风光与意大利民族的特性，令我回想到罗马的天色之蓝，空气之清冽，阳光的灿烂，更进一步追怀二千年前希腊的风土人情，美丽的地中海与柔媚的山脉以及当时又文明又自然、又典雅又朴素的风流文采，正如丹纳书中所描写的那些境界。听了这种音乐不禁联想到韩德尔，他倒是北欧人而追求文艺复兴的理想的人，也是北欧人而憧憬南国的快乐气氛的作曲家。你说他humain［有人情味］是不错的，因为他更本色，更多保留人的原有的性格，所以更健康。他有的是异教气息，不像巴赫被基督教精神束缚，常常匍匐在神的脚下呼号，忏悔，诚惶诚恐的祈求。基督教本是历史上某一特殊时代，地理上某一特殊民族，经济政治某一特殊类型所综合产生的东西；时代变了，特殊的政治经济状况也早已变了，民族也大不相同了，不幸旧文化——旧宗教遗留下来，始终统治着二千年来几乎所有的西方民族，造成了西方人至今为止的那种矛盾、畸形，与十九、二十世纪极不调和的精神状态，处处同文艺复兴以来的主要思潮抵触。在我们中国人眼中，基督教思想尤其显得病态。一方面，文艺复兴以后的人是站起来了，到处肯定自己的独立，发展到十八世纪的百科全书派，十九世纪的自然科学进步以及政治经济方面的革命，显然人类的前途、进步、能力都是无限的；同时却仍然奉一个无所不能无所不在的神为主宰，好像人永远逃不出他的掌心，再加上原始罪恶与天堂地狱的恐怖与期望，使近代人的精神永远处于支离破碎、纠结复杂、矛盾百出的状态中，这个情形反映在文化的各个方面、学术的各个部门，使他们（西方人）格外心情复杂，难以理解。我总觉得从异教变到基督教，就是人从健康变到病态的主要表现与主要关键。比起近代的西方人来，我们中华民族更接近古代的希腊人，因此更自然、更健康。我们的哲学、文学即使是悲观的部分也不是基督教式的一味投降，或者用现代语说，一味的“失败主义”；而是人类一般对生老病死、春花秋月的慨叹，如古乐府及我们全部诗词中提到人生如朝露一类的作品；或者是愤激与反抗的表现，如老子的《道德经》——就因为此，我们对西方艺术中最喜爱的还是希腊的雕塑、文艺复兴的绘画、十九世纪的风景画——总而言之是非宗教性非说教类的作品——猜想你近年来愈来愈喜欢莫扎特、斯卡拉蒂、韩德尔，大概也是由于中华民族的特殊气质。在精神发展的方向上，我认为你这条路线是正常的、健全的—— 你的酷好舒伯特，恐怕也反映你爱好中国文艺中的某一类型。亲切、熨帖、温厚、惆怅、凄凉，而又对人生常带哲学意味极浓的深思默想；爱人生，恋念人生而又随时准备飘然远行，高蹈，洒脱，遗世独立，解脱一切等等的表现，岂不是我们汉晋六朝唐宋以来的文学中屡见不鲜的吗？而这些因素是不是在舒伯特的作品中也具备的呢？—— 关于上述各点，我很想听听你的意见。而你我之间思想交流、精神默契未尝有丝毫间隔，也就象征你这个远方游子永远和产生你的民族、抚养你的祖国、灌溉你的文化血肉相连、息息相通。

二月六日上午

从文艺复兴以来，各种古代文化、各种不同民族、各种不同的思想感情大接触之下，造成了近代人的极度复杂的头脑与心情；加上政治经济和社会的急剧变化（如法国大革命，十九世纪的工业革命，封建社会与资本主义社会的交替等等），人的精神状态愈加充满了矛盾。这个矛盾中最尖锐的部分仍然是基督教思想与个人主义的自由独立与自我扩张的对立。凡是非基督徒的矛盾，仅仅反映经济方面的苦闷，其程度决没有那么强烈—— 在艺术上表现这种矛盾特别显著的，恐怕要算贝多芬了。以贝多芬与歌德做比较研究，大概更可证实我的假定。贝多芬乐曲中两个主题的对立，决不仅仅从技术要求出发，而主要是反映他内心的双重性。否则，一切sonata form［奏鸣曲式］都以两个对立的motifs［主题］为基础，为何独独在贝多芬的作品中，两个不同的主题会从头至尾斗争得那么厉害，那么凶猛呢？他的两个主题，一个往往代表意志，代表力，或者说代表一种自我扩张的个人主义（绝对不是自私自利的庸俗的个人主义或侵犯别人的自我扩张，想你不致误会）；另外一个往往代表狂野的暴力，或者说是命运，或者说是神，都无不可。虽则贝多芬本人决不同意把命运与神混为一谈，但客观分析起来，两者实在是一个东西。斗争的结果总是意志得胜，人得胜。但胜利并不持久，所以每写一个曲子就得重新挣扎一次，斗争一次。到晚年的四重奏中，斗争仍然不断发生，可是结论不是谁胜谁败，而是个人的隐忍与舍弃；这个境界在作者说来，可以美其名曰皈依，曰觉悟，曰解脱，其实是放弃斗争，放弃挣扎，以换取精神上的和平宁静，即所谓幸福，所谓极乐。挣扎了一辈子以后再放弃挣扎，当然比一开场就奴颜婢膝的屈服高明得多，也就是说“自我”的确已经大大的扩张了；同时却又证明“自我”不能无限制的扩张下去，而且最后承认“自我”仍然是渺小的，斗争的结果还是一场空，真正得到的只是一个觉悟，觉悟斗争之无益，不如与命运、与神，言归于好，求妥协。当然我把贝多芬的斗争说得简单化了一些，但大致并不错。此处不能做专题研究，有的地方只能笼统说说——你以前信中屡次说到贝多芬最后的解脱仍是不彻底的，是否就是我以上说的那个意思呢？——我相信，要不是基督教思想统治了一千三四百年（从高卢人信奉基督教算起）的西方民族，现代欧洲人的精神状态决不会复杂到这步田地，即使复杂，也将是另外一种性质。比如我们中华民族，尽管近半个世纪以来也因为与西方文化接触之后而心情变得一天天复杂，尽管对人生的无常从古至今感慨伤叹，但我们的内心矛盾，决不能与宗教信仰与现代精神（自我扩张）的矛盾相比。我们心目中的生死感慨，从无仰慕天堂的极其烦躁的期待与追求，也从无对永堕地狱的恐怖忧虑；所以我们的哀伤只是出于生物的本能，而不是由发热的头脑造出许多极乐与极可怖的幻象来一方面诱惑自己一方面威吓自己。同一苦闷，程度强弱之大有差别，健康与病态的分别，大概就取决于这个因素。

中华民族从古以来不追求自我扩张，从来不把人看作高于一切，在哲学文艺方面的表现都反映出人在自然界中与万物占着一个比例较为恰当的地位，而非绝对统治万物、奴役万物的主宰。因此我们的苦闷，基本上比西方人为少为小；因为苦闷的强弱原是随欲望与野心的大小而转移的。农业社会的人比工业社会的人享受差得多，因此欲望也小得多。况中国古代素来以不滞于物，不为物役为最主要的人生哲学。并非我们没有守财奴，但比起莫里哀与巴尔扎克笔下的守财奴与野心家来，就小巫见大巫了。中华民族多数是性情中正和平、淡泊、朴实，比西方人容易满足。另一方面，佛教影响虽然很大，但天堂地狱之说只是佛教中的小乘（净土宗）的说法，专为知识较低的大众而设的。真正的佛教教理并不相信真有天堂地狱；而是从理智上求觉悟，求超度；觉悟是悟人世的虚幻，超度是超脱痛苦与烦恼。尽管是出世思想，却不予人以热烈追求幸福的鼓动或急于逃避地狱的恐怖；主要是劝导人求智慧。佛教的智慧正好与基督教的信仰成为鲜明的对比。智慧使人自然而然的醒悟，信仰反易使人入于偏执与热狂之途。我们的民族本来提倡智慧（中国人的理想是追求智慧而不是追求信仰。我们只看见古人提到彻悟，从未以信仰坚定为人生乐事——这恰恰是西方人心目中的幸福）。你认为韩德尔比巴赫为高，你说前者是智慧的结晶，后者是信仰的结晶：这个思想根源也反映出我们的民族性。故知识分子受到佛教影响并无恶果。即使南北朝时代佛教在中国极盛，愚夫愚妇的迷信亦未尝在吾国文化史上遗留什么毒素，知识分子亦从未陷于虚无主义（即使有过一个短时期，但在历史上并无大害）。相反，在两汉以儒家为惟一正统，罢斥百家，思想入于停滞状态之后，佛教思想的输入倒是给我们精神上的一种刺激，令人从麻痹中觉醒过来，从狭隘的一家一派的束缚中解放出来。在公元二三世纪的思想情况之下这是一个可喜的现象。对中国知以分子拘束最大的倒是僵死的礼教，从南宋的理学（程子朱子）起一直到清朝末年，养成了规行矩步，整天反省，惟恐背礼越矩的迂腐头脑，也养成了口是心非的假道学、伪君子。其次是明清两代的科举制度，不仅束缚性灵，也使一部分有心胸有能力的人徘徊于功名利禄与真正修心养性、致知格物的矛盾中（反映于《儒林外史》中）—— 然而这一类的矛盾也决不像近代西方人的矛盾那么有害身心。我们的社会进步迟缓，资本主义制度发展若断若续，封建时代的经济基础始终存在，封建时代的道德观、人生观、宇宙观以及一切上层建筑，到近百年中还有很大势力，使我们的精神状态、思想情形不致如资本主义高度发展的国家的人那样混乱、复杂、病态；我们比起欧美人来一方面是落后，一方面也单纯，就是说更健全一些—— 从民族特性，传统思想，以及经济制度等等各个方面看，我们和西方人比较之下都有这个双重性。五四以来，情形急转直下，西方文化的输入使我们的头脑受到极大的骚动，正如“帝国主义的资本主义”的侵入促成我们半封建半资本主义社会的崩溃一样。我们开始感染到近代西方人的烦恼，幸而时期不久，并且宗教影响在我们思想上并无重大作用（西方宗教只影响到买办阶级以及一部分比较落后地区的农民，而且也并不深刻），故虽有现代式的苦闷，并不太尖锐。我们还是有我们老一套的东方思想与东方哲学，作为批判西方文化的尺度。当然以上所说特别是限于解放以前为止的时期。解放以后情形大不相同，暇时再谈。但即是解放以前我们一代人的思想情况，你也承受下来了，感染得相当深了。我想你对西方艺术、西方思想、西方社会的反应和批评，骨子里都有我们一代（比你早一代）的思想根源，再加上解放以后新社会给你的理想，使你对西欧的旧社会更有另外一种看法、另外一种感觉—— 倘能从我这一大段历史分析（不管如何片面如何不正确）来分析你目前的思想感情，也许能大大减少你内心苦闷的尖锐程度，使你的矛盾不致影响你身心的健康与平衡，你说是不是？

二月七日

人没有苦闷，没有矛盾，就不会进步。有矛盾才会逼你解决矛盾，解决一次矛盾即往前迈进一步。到晚年矛盾减少，即是生命将要告终的表现。没有矛盾的一片恬静只是一个崇高的理想，真正实现的话并不是一个好现象。凭了修养的功夫所能达到的和平恬静只是极短暂的，比如浪潮的尖峰，一刹那就要过去的。或者理想的平和恬静乃是微波荡漾，有矛盾而不太尖锐，而且随时能解决的那种精神修养，可绝非一泓死水：一泓死水有什么可羡呢？我觉得倘若苦闷而不致陷入悲观厌世，有矛盾而能解决（至少在理论上认识上得到一个总结），那么苦闷与矛盾并不可怕。所要避免的乃是因苦闷而导致身心失常或者玩世不恭，变做游戏人生的态度。从另一角度看，最伤人的（对己对人，对小我与集体都有害的）乃是由passion［激情］出发的苦闷与矛盾，例如热衷名利而得不到名利的人，怀着野心而明明不能实现的人，经常忌妒别人、仇恨别人的人，那一类苦闷便是于己于人都有大害的。凡是从自卑感自溺狂等等来的苦闷对社会都是不利的，对自己也是致命伤。反之，倘是忧时忧国，不是为小我打算而是为了社会福利、人类前途而感到的苦闷，因为出发点是正义，是理想，是热爱，所以即有矛盾，对己对人都无害处，倒反能逼自己做出一些小小的贡献来。但此种苦闷也须用智慧来解决，至少在苦闷的时间不能忘了明哲的教训，才不至于转到悲观绝望，用灰色眼镜看事物，才能保持健康的心情继续在人生中奋斗—— 而惟有如此，自己的小我苦闷才能转化为一种活泼泼的力量而不仅仅成为愤世嫉俗的消极因素；因为愤世嫉俗并不能解决矛盾，也就不能使自己往前迈进一步。由此得出一个结论，我们不怕经常苦闷，经常矛盾，但必须不让这苦闷与矛盾妨碍我们愉快的心情。

二月七日晚

记得你在波兰时期，来信说过艺术家需要有single-mindedness［集中精神］，分出一部分时间关心别的东西，追求艺术就短少了这部分时间。当时你的话是特别针对某个问题而说的。我很了解（根据切身经验），严格钻研一门学术必须整个儿投身进去。艺术—— 尤其音乐，反映现实是非常间接的，思想感情必须转化为emotion［情感］才能在声音中表达，而这一段酝酿过程，时间就很长；一受外界打扰，酝酿过程即会延长，或竟中断。音乐家特别需要集中（即所谓single-mindedness），原因即在于此。因为音乐是时间的艺术，表达的又是流动性最大的emotion［情感］，往往稍纵即逝—— 不幸，生在二十世纪的人，头脑装满了多多少少的东西，世界上又有多多少少东西时时刻刻逼你注意；人究竟是社会的动物，不能完全与世隔绝；与世隔绝的任何一种艺术家都不会有生命， 不能引起群众的共鸣。经常与社会接触而仍然能保持头脑冷静，心情和平，同时能保持对艺术的新鲜感与专一的注意，的确是极不容易的事。你大概久已感觉到这一点。可是过去你似乎纯用排斥外界的办法（事实上你也做不到，因为你对人生对世界的感触与苦闷还是很多很强烈），而没头没脑的沉浸在艺术里，这不是很健康的做法。我屡屡提醒你，单靠音乐来培养音乐是有很大弊害的。以你的气质而论，我觉得你需要多多跑到大自然中去，也需要不时欣赏造型艺术来调剂。假定你每个月郊游一次，上美术馆一次，恐怕你不仅精神更愉快、更平衡，便是你的音乐表达也会更丰富、更有生命力、更有新面目出现。亲爱的孩子，你无论如何应该试试看！

如今你有弥拉代为料理日常琐事，该是很幸福了。但不管你什么理由，某些道义上的责任是脱卸不了的，不能由弥拉代庖。希望能尽量挤出时间，不时给两位以前的老师写几行，短一些无妨，但决不可几月几年的沉默下去！你在本门艺术中意志很强，为何在道义上不同样拿出意志来节约时间，履行你的义务呢？—— 孩子，你真不知道我多么希望你在人生各方面都有进步！倘你在尊师方面有行动表现，你真是给你爸爸最大的快乐。你要以与亲友通信作为精神上的调剂，就不会视执笔为畏途了。心理一改变，事情就会轻松，试过几回即会明白。

一月九日与林先生的画同时寄出的一包书，多半为温习你中文着眼，故特别挑选文笔最好的书—— 至于艺术与音乐方面的书，英文中有不少扎实的作品。暑中音乐会较少的期间，也该尽量阅读。

二月八日晨

1961.3.22

亲爱的孩子：

前天写完了你的信，头痛又发，且来势甚凶，服了你的药才逐渐减轻，终于消失。但愿今后少发，否则即使有灵验的药物，也要打断我大半天工作。

关于港岛演出事，还想补充几句，让你彻底明白我们的意思。

总的说来，两年来祖国对你处处留着余地，你当然也该处处为祖国着想。既然你屡次表示过决不辜负祖国，如今事实当前，正应当以行动来证实。过门不入而在大门外表演，国内群众会觉得你耀武扬威，至少给他们一种难堪，也是给政府难堪。前信说“在大门外向政府挑战”，就是指这一点。相信你本无此意，但你是没法表白你的心迹的，招来误会倒是真的。

其次，从具体条件来说：殖民地素来谈不上文化水准，群众去音乐会的态度与看杂技无异，我与你妈妈十年前住过香港，耳闻目击，知之甚稔，此种情况迄未改善。一般人的浅薄，幼稚，腐俗，非你所能想象。你在欧洲尚且对某些听众甚感不满，一到港岛定会觉更难受，音乐厅落成，殖民地当局借此装点门面；经理们无非为招揽生意利用你们，你何必受他们利用呢？即使为路过而附带演出也绝对不值得。

对个人毫无好处而只会带来政治上坏影响的事（何况你演出前后精神上也不会愉快），我想你仔细考虑之下决不会做的。我为此郑重思考了几个月，以上所云决非仅凭一时观感；你也不妨与岳丈从长计议，另作决定。

爸爸　一九六一年三月二十二日

拉威尔的歌真美，我理想中的吾国新音乐大致就是这样的一个艺术境界，可惜从事民间音乐的人还没有体会到，也没有这样高的技术配备！

以后包裹上（不论唱片抑食品）都要写上我与你的中文姓名。

1961.3.28

亲爱的聪：

许多话都在英文信上仔细谈了，想你一定体会到我们做父母的一番热心与关切。我最担心的是你的性情脾气，因为你们父子的气质太相同了；虽然如此，我总觉得你还有我的成分，待人接物比较柔和，可是在熟人面前、亲人前面，你也会放肆（人人都有这个倾向）。弥拉太了解你了，她多么温柔可爱，千万不可伤害她，千万不可把你爸爸对妈妈的折磨加在弥拉身上。虽然我们女人会理解你们，原谅你们，总不是夫妇长久相处的好办法。有时你对小事情太认真、太固执、太罗嗦；你该避免不必要的争执，徒伤和气。你看弥拉多能干，年纪轻轻，搬家、设计、布置，一人独当，你享现成福，岂不幸运？我真想不到她在实际生活上如此多才，你该知足了。

记得你五六、五七两年回家，什么事都左一遍右一遍的叮嘱，千不放心，万不放心，把我烦死了。你自己也跟我说："妈，我跟爸爸一样的烦噢！"还有一次你跟我讲："妈，你看我现在脾气好多了，你看怎样？"那时你笑眯眯的，温和可爱，做妈妈的能不更心疼么？但愿你有自知之明，尽量改掉自己的缺点。这次从南非远行回来，该好好休息一番，在新安顿的家里好好享受一番，看看我们给你的画、画片、照片、书籍等等，也足够你们消遣了。

这次阿敏回家，显得比较成熟，对我们也亲切体贴，再三说要爸爸为了长远利益计，保养身体，每天工作不能超过四小时。他也常常提起你跟弥拉，对你音乐方面的成功，表示兴奋。待人接物，也很周到，他临走，我给他路上吃的一只小小butter cake［黄油蛋糕］，结果他省下来，送给马家，大家都高兴。你看了他的照片，一定感触很多。可惜他有关节炎这种慢性病，终身不会治愈，但他很能忍耐，即使心中不如意，或身上不好过，也不肯轻易告诉我们。他为人淳朴厚道，这是姓傅的门风（也是你妈妈家姓朱的传统！——爸爸），我为之高兴。匆匆，即搁笔了。

祝你跟弥拉身心愉快！

妈妈　一九六一年三月二十八日夜

1961.5.1

聪：

四月十七、二十、二十四，三封信（二十日是妈妈写的）都该收到了吧？三月十五寄你评论摘要一小本（非航空），由妈妈打字装订，是否亦早到了？我们花过一番心血的工作，不管大小，总得知道没有遗失才放心。四月二十六日寄出汉石刻画像拓片四张，二十九日又寄《李白集》十册，《十八家诗钞》二函，合成一包；又一月二十日交与海关检查，到最近发还的丹纳：《艺术哲学·第四编（论希腊的雕塑）》手抄译稿一册，亦于四月二十九日寄你。以上都非航空，只是挂号。日后收到望一一来信告知。

中国诗词最好是木刻本，古色古香，特别可爱。可惜不准出口，不得已而求其次，就挑商务影印本给你。以后还会陆续寄，想你一定喜欢。《论希腊的雕塑》一编六万余字，是我去冬花了几星期工夫抄的，也算是我的手泽，特别给你作纪念。内容值得细读，也非单看一遍所能完全体会。便是弥拉读法文原著，也得用功研究，且原著对神话及古代史部分没有注解，她看起来还不及你读译文易懂。为她今后阅读方便，应当买几部英文及法文的比较完整的字典才好。我会另外写信给她提到。

一月九日寄你的一包书内有老舍及钱伯母的作品，都是你旧时读过的。不过内容及文笔，我对老舍的早年作品看法已大大不同。从前觉得了不起的那篇《微神》，如今认为太雕琢，过分刻画，变得纤巧，反而贫弱了。一切艺术品都忌做作，最美的字句都要出之自然，好像天衣无缝，才经得起时间考验而能传世久远。比如“山高月小，水落石出”，不但写长江中赤壁的夜景，历历在目，而且也写尽了一切兼有幽远、崇高与寒意的夜景；同时两句话说得多么平易，真叫做“天籁”！老舍的《柳家大院》还是有血有肉，活得很——为温习文字，不妨随时看几段。没人讲中国话，只好用读书代替，免得词汇字句愈来愈遗忘——最近两封英文信，又长又详尽，我们很高兴，但为了你的中文，仍望不时用中文写，这是你惟一用到中文的机会了。写错字无妨，正好让我提醒你。不知五月中是否演出较少，能抽空写信来？

最近有人批判王氏的“无我之境”，说是写纯客观，脱离阶级斗争。此说未免褊狭。第一，纯客观事实上是办不到的。既然是人观察事物，无论如何总带几分主观，即使力求摆脱物质束缚也只能做到一部分，而且为时极短。其次能多少客观一些，精神上倒是真正获得松弛与休息，也是好事。人总是人，不是机器，不可能二十四小时只做一种活动。生理上即使你不能不饮食睡眠，推而广之，精神上也有各种不同的活动。便是目不识丁的农夫也有出神的经验，虽时间不过一刹那，其实即是无我或物我两忘的心境。艺术家表现出那种境界来未必会使人意志颓废。例如念了“寒波淡淡起，白鸟悠悠下”两句诗，哪有一星半点不健全的感觉？假定如此，自然界的良辰美景岂不成年累月摆在人面前，人如何不消沉至于不可救药的呢？相反，我认为生活越紧张越需要这一类的调剂；多亲近大自然倒是维持身心平衡最好的办法。近代人的大病即在于拼命损害了一种机能（或一切机能）去发展某一种机能，造成许多畸形与病态。我不断劝你去郊外散步，也是此意。幸而你东西奔走的路上还能常常接触高山峻岭，海洋流水，日出日落，月色星光，无形中更新你的感觉，解除你的疲劳。

另一方面，终日在琐碎家务与世俗应对中过生活的人，也该时时到野外去洗掉一些尘俗气，别让这尘俗气积聚日久成为宿垢。弥拉接到我黄山照片后来信说，从未想到山水之美有如此者。可知她虽家居瑞士，只是偶尔在山脚下小住，根本不曾登高临远，见到神奇的景色。在这方面你得随时培养她。此外我也希望她每天挤出时间，哪怕半小时吧，作为阅读之用。而阅读也不宜老拣轻松的东西当做消遣；应当每年选定一二部名著用功细读。比如丹纳的《艺术哲学》之类，若能彻底消化，做人方面，气度方面，理解与领会方面都有进步，不仅仅是增加知识而已。巴尔扎克的小说也不是只供消闲的。像你们目前的生活，要经常不断的阅读正经书不是件容易的事，需要很强的意志与纪律才行。望时常与她提及你老师勃隆斯丹近七八年来的生活，除了做饭、洗衣、照管丈夫孩子以外，居然坚持练琴，每日一小时至一小时半，到今日每月有四五次演出。这种精神值得弥拉学习。

你岳丈灌的唱片，十之八九已听过，觉得以贝多芬的协奏曲与巴赫的*Solo Sonata*［《独奏奏鸣曲》］为最好。Bartok［巴托克］不容易领会，Bach［巴赫］的协奏曲不及piano［钢琴］的协奏曲动人。不知怎么，polyphonic［复调］音乐对我终觉太抽象。便是巴赫的*Cantata*［《康塔塔》］听来也不觉感动。一则我领会音乐的限度已到了尽头，二则一般中国人的气质和那种宗教音乐距离太远——语言的隔阂在歌唱中也是一个大阻碍。（勃拉姆斯的《小提琴协奏曲》似乎不及钢琴协奏曲美，是不是我程度太低呢？）

Louis Kentner［路易斯·肯特纳］似乎并不高明，不知是与你岳丈合作得不大好，还是本来演奏不过尔尔？他的*Franck*［弗兰克］“奏鸣曲”远不及Menuhin［梅纽因］的violin part［小提琴部分］。“*Kreutzer*”［“克勒策”］更差，2nd movement［第二乐章］的变奏曲部分weak［弱］之至（老是躲躲缩缩，退在后面，便是piano为主的段落亦然如此）。你大概听过他独奏，不知你的看法如何？是不是我了解他不够或竟了解差了？

你往海外预备拿什么节目出去？协奏曲是哪几支？恐怕Van Wyck［万怀克］首先要考虑那边群众的好恶；我觉得考虑是应当的，但也不宜太迁就。最好还是挑自己最有把握的东西。真有吸引力的还是一个人的本色；而保持本色最多的当然是你理解最深的作品。在英国少有表演机会的Bartok［巴托克］、Prokofiev［普罗科菲耶夫］等现代乐曲，是否上那边去演出呢？前信提及Cuba［古巴］演出可能，还须郑重考虑，我觉得应推迟一二年再说！暑假中最好结合工作与休息，不去远地登台，一方面你们俩都需要放松，一方面你也好集中准备海外节目。七月中去不去维也纳灌贝多芬第一、四？—— 问你的话望当场记在小本子上或要弥拉写下，待写信时答复我们。举手之劳，我们的问题即有着落。

上次信上要你再汇二十镑去港，想必会照办。新加坡刘抗伯伯前星期又寄了一千鱼肝油丸来，故人情意，着实可感。干妈来信，她托指挥德人Scherchen［舒尔肯］之女（母是中国人，已离婚）带给弥拉一手镯，据说是故宫宫女旧物。尚有挑花出口手帕一匣。收到后望弥拉立即去信道谢。又称思宏夫妇到处巡回，行踪无定，购唱片款，将另托港友代汇四十镑；惟非至亲，已先去信征求同意。干妈知道你们开支浩大，特意嘱咐你待汇款到后，再办不迟。去冬寄你岳父之作品，未得回信，便中可问问，是否收到。你们三月初寄的食物包亦尚未到。我们的一份当然一样。恐与二月初的情形相同，仍从海上慢悠悠地运来。

敏的情形前信已提及一二。他有个长处，就是刻苦能忍，意志相当强。

写得够了，下次再谈，诸事珍重！

爸爸　六一年五月一日

1961.6.26

亲爱的孩子：

六月十八日信（邮戳十九）今晨收到。虽然花了很多钟点，信写得很好。多写几回就会感到更容易更省力。最高兴的是你的民族性格和特征保持得那么完整，居然还不忘记：“一箪食（读如“嗣”）一瓢饮，回也不改其乐。”惟有如此，才不致被西方的物质文明湮没。

你屡次来信说我们的信给你看到和回想到另外一个世界，理想气息那么浓的、豪迈的、真诚的、光明正大的、慈悲的、无我的（即你此次信中说的idealistic，generous，devoted，loyal，kind，selfless）世界。我知道东方西方之间的鸿沟，只有豪杰之士，领悟颖异、感觉敏锐而深刻的极少数人方能体会。换句话说，东方人要理解西方人及其文化和西方人理解东方人及其文化同样不容易。即使理解了，实际生活中也未必真能接受。这是近代人的苦闷：既不能闭关自守，东方与西方各管各的生活，各管各的思想，又不能避免两种精神两种文化两种哲学的冲突和矛盾。

当然，除了冲突与矛盾，两种文化也彼此吸引，相互之间有特殊的魅力使人神往。东方的智慧、明哲、超脱，要是能与西方的活力、热情、大无畏的精神融合起来，人类可能看到另一种新文化出现。西方人那种孜孜矻矻，白首穷经，只知为学，不问成败的精神还是存在（现在和克利斯朵夫的时代一样存在），值得我们学习。你我都不是大国主义者，也深恶痛绝大国主义，但你我的民族自觉、民族自豪和爱国热忱并无一星半点的排外意味。相反，这是一个有根有蒂的人应有的感觉与感情。每次看到你有这种表现，我都快活得心儿直跳，觉得你不愧为中华民族的儿子！妈妈也为之自豪，对你特别高兴，特别满意。

分析你岳父的一段大有见地，但愿作为你的借鉴。你的两点结论，不幸的婚姻和太多与太早的成功是艺术家最大的敌人，说得太中肯了。我过去为你的婚姻问题操心，多半也是从这一点出发。如今弥拉不是有野心的女孩子，至少不会把你拉上热衷名利的路，让你能始终维持艺术的尊严，维持你严肃朴素的人生观，已经是你的大幸。还有你淡于名利的胸怀，与我一样的自我批评精神，对你的艺术都是一种保障。但愿十年二十年之后，我不在人世的时候，你永远能坚持这两点。恬淡的胸怀，在西方世界中特别少见，希望你能树立一个榜样！

说到弥拉，你是否仍和去年八月初订婚时来信说的一样预备培养她？不是说培养她成一个什么专门人才，而是带她走上严肃、正直、坦白、爱美、爱善、爱真理的路。希望以身作则，鼓励她多多读书，有计划有系统的正规的读书，不是消闲趋时的读书。你也该培养她的意志：便是有规律有系统的处理家务、掌握家庭开支、经常读书等等，都是训练意志的具体机会。不随便向自己的fancy［幻想］让步，也不随便向你的fancy让步，也是锻炼意志的机会。孩子气是可贵的，但决不能损害taste［品味］，更不能影响家庭生活、起居饮食的规律。有些脾气也许一辈子也改不了，但主观上改，总比听其自然或是放纵（即所谓indulging）好，你说对吗？

弥拉与我们通信近来少得多，我们不怪她，但那也是她道义上感情上的一种责任。我们原谅她是一回事，你不从旁提醒她可就不合理，不尽你督促之责了。做人是整体的，对我们经常写信也表示她对人生对家庭的态度。你别误会，我再说一遍，别误会我们嗔怪她，而是为了她太年轻，需要养成一个好作风，处理实际事务的严格的态度。以上的话主要是为她好，而不是仅仅为我们多得一些你们消息的快乐。可是千万注意，和她提到给我们写信的时候，说话要和软，否则反而会影响她与我们的感情。翁姑与媳妇的关系与父母子女的关系大不相同，你慢慢会咂摸到，所以处理要非常细致。

最近几次来信，你对我们托办的事多半有交代，我很高兴。你终于在实际生活方面也成熟起来了，表示你有头有尾，责任感更强了。你的录音机迄未置办，我很诧异；照理你布置新居时，应与床铺在预算表上占同样重要的地位。在我看来，少一两条地毯倒没关系，少一架好的录音机却太不明智。足见你们俩仍太年轻，分不出轻重缓急。但愿你去美洲回来就有能力置办！

我早料到你读了《希腊的雕塑》以后的兴奋。那样的时代是一去不复返的了，正如一个人从童年到少年那个天真可爱的阶段一样。也如同我们的先秦时代、两晋六朝一样。近来常翻阅《世说新语》（正在寻一部铅印而篇幅不太笨重的预备寄你），觉得那时的风流文采既有点儿近古希腊，也有点儿像文艺复兴时期的意大利；但那种高远、恬淡、素雅的意味仍然不同于西方文化史上的任何一个时期。人真是奇怪的动物，文明的时候会那么文明，谈玄说理会那么隽永，野蛮的时候又同野兽毫无分别，甚至更残酷。奇怪的是这两个极端就表现在同一批人同一时代的人身上。两晋六朝多少野心家，想夺天下、称孤道寡的人，坐下来清谈竟是深通老庄与佛教哲学的哲人！

韩德尔的神剧固然追求异教精神，但他毕竟不是公元前四五世纪的希腊人，他的作品只是十八世纪一个意大利化的日耳曼人向往古希腊文化的表现。便是《赛米里》吧，口吻仍不免带点儿浮夸（pompous）。这不是韩德尔个人之过，而是民族与时代之不同，绝对勉强不来的。将来你有空闲的时候（我想再过三五年，你的音乐会一定可大大减少，多一些从各方面进修的时间），读几部英译的柏拉图、色诺芬一类的作品，你对希腊文化可有更多更深的体会。再不然你一朝去雅典，尽管山陵剥落（如丹纳书中所说）面目全非，但是那种天光水色（我只能从亲自见过的罗马和那不勒斯的天光水色去想象）以及巴台农神庙的废墟，一定会给你强烈的激动，狂喜，非言语所能形容，好比四五十年以前邓肯在巴台农废墟上光着脚不由自主的跳起舞来（《邓肯（*Duncun*）自传》倘在旧书店中看到，可买来一读）。真正体会古文化，除了从小“泡”过来之外，只有接触那古文化的遗物。我所以不断寄吾国的艺术复制品给你，一方面是满足你思念故国，缅怀我们古老文化的饥渴，一方面也想用具体事物来影响弥拉。从文化上、艺术上认识而爱好异国，才是真正认识和爱好一个异国；而且我认为也是加强你们俩精神契合的最可靠的链锁。

石刻画你喜欢吗？是否感觉到那是真正汉族的艺术品，不像敦煌壁画云冈石刻有外来因素。我觉得光是那种宽袍大袖、简洁有力的线条、浑合的轮廓、古朴的屋宇车辆、强劲雄壮的马匹，已使我看了怦然心动，神游于两千年以前的天地中去了（装了框子看更有效果）。

十八家诗钞以外，李白诗文集想也收到了吧？给你的两把扇子你觉得怎样？最好平日张开着放在玻璃柜内欣赏。给弥拉的檀香扇，买不到更好的。且檀香女扇一向没有画得好的。从这个小包看，东西毕竟是从苏联转的，否则五月十二日寄的包不可能在六月十八日前收到。

几个月来做翻译巴尔扎克《幻灭》三部曲的准备工作，七百五十余页原文，共有一千一百余生字。发个狠每天温三百至四百生字，大有好处。正如你后悔不早开始把肖邦的*Etudes*［《练习曲》］作为每天的日课，我也后悔不早开始记生字的苦功。否则这部书的生字至多只有二三百。倘有钱伯伯那种记忆力，生字可减至数十。天资不足，只能用苦功补足。我虽到了这年纪，身体挺坏，这种苦功还是愿意下的。

你对Michelangeli［米凯兰杰利］的观感大有不同，足见你六年来的进步与成熟。同时，“曾经沧海难为水”，“登东山而小鲁，登泰山而小天下”，也是你意见大变的原因。伦敦毕竟是国际性的乐坛，你这两年半的逗留不是没有收获的。

最近在美国的《旅行家》杂志（*National Geographic*）上读到一篇英国人写的爱尔兰游记，文字很长，图片很多。他是三十年中第二次去周游全岛，结论是：“什么是爱尔兰最有意思的东西？—— 是爱尔兰人。”这句话与你在都柏林匆匆一过的印象完全相同。

以上写了三个半小时，累得很了，还得写英文的呢！望多多休息，勿熬夜太过！

爸爸　六月二十六日晚七时

1961.7.7／8

亲爱的孩子：

《近代文明中的音乐》和你岳父的传记，同日收到。接连三个下午看完传记，感想之多，情绪的波动，近十年中几乎是绝无仅有的经历。写当代人的传记有一个很大的便宜，人证物证多，容易从四面八方搜集材料，相互引证、核对。当然也有缺点：作者与对象之间距离太近，不容易看清客观事实和真正的面目；当事人所牵涉的人和事大半尚在目前，作者不能毫无顾虑，内容的可靠性和作者的意见难免打很大的折扣。总的说来，马吉道夫写得很精彩；对人生、艺术、心理变化都有深刻的观察和真切的感受，taste［品味］不错，没有过分的恭维。作者本人的修养和人生观都相当深广。许多小故事的引用也并非仅仅为了吸引读者，而是旁敲侧击的烘托出人物的性格。

你大概马上想象得到，此书对我有特殊的吸引力。教育儿童的部分，天才儿童的成长及其苦闷的历史，缺乏苦功而在二十六岁至三十岁之间闭门（不是说绝对退隐，而是独自摸索）补课，两次的婚姻和战时战后的活动，都引起我无数的感触。关于教育，你岳父的经历对你我两人都是一面镜子。我许多地方像他的父母，不论是优点还是缺点，也有许多地方不及他的父母，也有某些地方比他们开明。我很庆幸没有把你关在家里太久，这也是时代使然，也是你我的个性同样倔强使然。父母子女之间的摩擦与冲突，甚至是反目，当时虽然对双方都是极痛苦的事，从长里看对儿女的成长倒是利多弊少。

你祖岳母的骄傲简直到了不近人情的地步，完全与她的宗教信仰不相容—— 世界上除了回教我完全茫然以外，没有一个宗教不教人谦卑和隐忍，不教人克制骄傲和狂妄的。可是她对待老友Goldman［哥尔门］的态度，对伊虚提在台上先向托斯卡尼尼鞠躬的责备，竟是发展到自高自大、目空一切的程度。她教儿女从小轻视金钱权势，不向政治与资本家低头，不许他们自满，惟恐师友宠坏他们，这一切当然是对的。她与她丈夫竭力教育子女，而且如此全面，当然也是正确的，可敬可佩的；可是归根结底，她始终没有弄清楚教育的目的，只笼笼统统说要儿女做一个好人，哪怕当鞋匠也不妨；她却并未给好人（honest man）二字下过定义。

在我看来，她的所谓好人实在是非常狭小的，限于respectable［人格高尚］而从未想到更积极更阔大的天地和理想。假如她心目中有此意念，她必然会鼓励孩子“培养自己以便对社会对人类有所贡献”。她绝未尊敬艺术，她对真、美、善毫无虔诚的崇敬心理；因此她看到别人自告奋勇帮助伊虚提（如埃尔曼资助他去欧洲留学，哥尔门送他Prince K［王子K］……小提琴等等）并不有所感动，而只觉得自尊心受损。她从未认识人的伟大是在于帮助别人，受教育的目的只是培养和积聚更大的力量去帮助别人，而绝对不是盲目的自我扩张。梅纽因老夫人只看见她自己、她一家、她和丈夫的姓氏与种族；所以她看别人的行为也永远从别人的自私出发。自己没有理想，如何会想到茫茫人海中竟有具备理想的人呢？她学问丰富，只缺少一个高远的理想作为指南针。她为人正直，只缺少忘我的牺牲精神—— 她为儿女是忘我的，是有牺牲精神的；但“为儿女”实际仍是“为她自己”；她没有急公好义、慷慨豪侠的仁慈！幸亏你岳父得天独厚，凡是家庭教育所没有给他的东西，他从音乐中吸收了，从古代到近代的乐曲中，从他接触的前辈，尤其埃奈斯库身上得到了启示。他没有感染他母亲那种狭窄、闭塞、贫乏、自私的道德观（即西方人所谓的prudery［假正经］）。也幸而残酷的战争教了他更多的东西，扩大了他的心灵和胸襟，烧起他内在的热情……

你岳父今日的成就，特别在人品和人生观方面，可以说是in spite of his mother［未受其母影响］。我相信真有程度的群众欣赏你岳父的地方（仍是指艺术以外的为人），他父母未必体会到什么伟大。但他在海牙为一个快要病死的女孩子演奏Bach［巴赫］的*Chaconne*［《恰空舞曲》］，以及他一九四七年在柏林对犹太难民的说话，以后在以色列的表现等等，我认为是你岳父最了不起的举动，符合我们威武不能屈的古训。

书中值得我们深思的段落，多至不胜枚举，对音乐，对莫扎特、巴赫直到巴托克的见解；对音乐记忆的分析，小提琴技术的分析，还有对协奏曲（和你一开始即浸入音乐的习惯完全相似）的态度，都大有细细体会的价值。他的两次re-study［重修］（最后一次是一九四二至一九四五）你都可作为借鉴。

了解人是一门最高深的艺术，便是最伟大的哲人、诗人、宗教家、小说家、政治家、医生、律师，都只能掌握一些原则，不能说对某些具体的实例——个人——有彻底的了解。人真是矛盾百出，复杂万分，神秘到极点的动物。看了传记，好像对人物有了相当认识，其实还不过是一些粗疏的概念。尤其他是性情温和、从小隐忍惯的人，更不易摸透他的底。我想你也有同感。

你上次信中分析他的话，我不敢下任何断语。可是世界上就是到处残缺，没有完善的人或事。大家说他目前的夫人不太理想，但弥拉的母亲又未尝使他幸福。他现在的夫人的确多才多艺，精明强干，而连带也免不了多才多艺和精明强干带来的缺点。假如你和其他友人对你岳父的看法不错，那也只能希望他的艺术良心会再一次觉醒，提到一个新的更高的水平，再来一次严格的自我批评。是否会有这幸运的一天，就得看他的生命力如何了。人的发展总是波浪式的，和自然界一样：低潮之后还有高潮再起的可能，峰回路转，也许“柳暗花明又一村”，又来一个新天地呢！所以古人说对人要“盖棺论定”。

多少零星的故事和插曲也极有意义。例如埃尔加抗议纽曼（Newman）对伊虚提演奏他《小提琴协奏曲》的评论：纽曼认为伊虚提把第二乐章表达太甜太luscious［腻］，埃尔加说他写的曲子，特别那个主题本身就是甜美的，luscious，“难道英国人非板起面孔不可吗？我是板起面孔的人吗？”可见批评家太着重于一般的民族性，作家越出固有的民族性，批评家竟熟视无睹，而把他所不赞成的表现归罪于演奏家。而纽曼还是世界上第一流的学者兼批评家呢！可叹学问和感受和心灵往往碰不到一起，感受和心灵也往往不与学问合流。要不然人类的文化还可大大的进一步呢！巴托克听了伊虚提演奏他的《小提琴协奏曲》后说：“我本以为这样的表达只能在作曲家死了长久以后才可能。”可见了解同时代的人推陈出新的创造的确不是件容易的事。然而我们又不能执着Elgar［埃尔加］对Yehudi［伊虚提］的例子，对批评家的言论一律怀疑。我们只能依靠自我批评精神来作取舍的标准，可是我们的自我批评精神是否永远可靠、不犯错误（infallible）呢？是否我们常常在应该坚持的时候轻易让步而在应当信从批评家的时候又偏偏刚愎自用、顽固不化呢？我提到这一点，因为你我都有一个缺点：好辩。人家站在正面，我会立刻站在反面；反过来亦然。而你因为年轻，这种倾向比我更强。但愿你慢慢的学得客观、冷静、理智，别像古希腊人那样为争辩而争辩！

阿陶夫·布施和埃奈斯库两人对巴赫*Fugue*［《赋格曲》］主题的

forte or dolce［强或柔］的看法不同，使我想起太多的书本知识要没有高度的理解力协助，很容易流于教条主义，成为学院派。

另一方面，Ysaye［伊萨伊］要伊虚提拉arpeggio［琶音］的故事，完全显出一个真正客观冷静的大艺术家的“巨眼”，不是巨眼识英雄，而是有看破英雄的短处的“巨眼”。青年人要寻师问道，的确要从多方面着眼。你岳父承认跟Adolf Busch［阿陶夫·布施］还是有益的，尽管他气质上和心底里更喜欢埃奈斯库。你岳父一再后悔不曾及早注意伊萨伊的暗示。因此我劝你空下来静静思索一下，你几年来可曾听到过师友或批评家的一言半语而没有重视的。趁早想，趁早补课为妙！你的祖岳母说：“我母亲常言，只有傻瓜才自己碰了钉子方始回头；聪明人看见别人吃亏就学了乖。”此话我完全同意，你该记得一九五三年你初去北京以后我说过（在信上）同样的话，记得我说的是：“家里嘱咐你的话多听一些，在外就不必只受别人批评。”大意如此。

你说过的那位匈牙利老太太，指导过Anni Fischer［安妮·费希尔］的，千万上门去请教，便是去一二次也好。你有足够的聪明，人家三言两语，你就能悟出许多道理。可是从古到今没有一个人聪明到不需要听任何人的意见。智者千虑，必有一失。也许你去美访问以前就该去拜访那位老人家！亲爱的孩子，听爸爸的话，安排时间去试一试好吗？再附带一句：去之前一定要存心去听“不入耳之言”才会有所得，你得随时去寻访你周围的大大小小的伊萨伊！

话愈说愈远—— 也许是愈说愈近了。假如念的书不能应用到自己身上来，念书干吗？

你岳父清清楚楚对他自幼所受的教育有很大的反响。他一再声明越少替儿童安排他们的前途越好。这话其实也只说对了一部分，同时也得看这种放任主义如何执行。

要是有时间与精力，这样一本书可以让我写一篇上万字的批评。但老实说，我与伊虚提成了亲家，加上狄阿娜夫人so sharp and so witty［如此精明机智］，我也下笔有顾忌，只好和你谈谈。

最后问你一句：你看过此书没有？倘未看，可有空即读，而且随手拿一支红笔，要标出（underline）精彩的段落。以后有空还得再念第二遍、第三遍。弥拉年轻，未经世事，我觉得她读了此书并无所得。

我已有几次问你弥拉是否开始怀孕，因为她近来信少，与你半年前的情形相仿。若是怀孕而不舒服，则下面的话只当没说！否则妈妈送了她东西，她一个字都没有，未免太不礼貌。尤其我们没有真好的东西给她（环境限制），可是“礼轻心意重”，总希望受的人接受我们一份情意。倘不是为了身体不好，光是忙，不能成为一声不出的理由。这是体统和规矩问题。我看她过去与后母之间不大融洽，说不定一半也由于她太“少不更事”。但这事你得非常和缓的向她提出，也别露出是我信中嗔怪她，只作为你自己发觉这样不大好，不够kind［善解人意］，不合乎做人之道。你得解释，这不过是一例，做人是对整个社会，不仅仅是应付家属。但对近亲不讲礼貌的人也容易得罪一般的亲友。以上种种，你需要掌握时机，候她心情愉快的当口委婉细致、心平气和、像对知己朋友进忠告一般的谈。假如为了我们使你们小夫妇俩不欢，是我极不愿意的。你总得让她感觉到一切是为她好，帮助她学习，live the life［过日子］；而绝非为了父母而埋怨她。孩子，这件微妙的任务希望你顺利完成！对你也是一种学习和考验。忠言逆耳，但必须出以一百二十分柔和的态度，对方才能接受。

爸爸　六一年七月七日晚

在过去的农业社会里，人的生活比较闲散，周围没有紧张的空气，随遇而安、得过且过的生活方式还能对付。现在时代大变，尤其在西方世界，整天整月整年社会像一个瞬息不停的万花筒，生存竞争的剧烈，想你完全体会到了。最好做事要有计划，至少一个季度事先要有打算，定下的程序非万不得已切勿临时打乱。你是一个经常出台的演奏家，与教授、学者等等不同：生活忙乱得多，不容易控制。但愈忙乱愈需要有全面计划，我总觉得你太被动，常常be carried away［被带偏］，被环境和大大小小的事故带着走，从长远看，不是好办法。过去我一再问及你经济情况，主要是为了解你的物质基础，想推测一下再要多少时期可以减少演出，加强学习—— 不仅仅音乐方面的学习。我很明白在西方社会中物质生活无保障，任何高远的理想都谈不上。但所谓物质保障首先要看你的生活水准，其次要看你会不会安排收支，保持平衡，经常有规律的储蓄。生活水准本身就是可上可下，好坏程度、高低等级多至不可胜计的；究竟自己预备以哪一种水准为准，需要想个清楚，弄个彻底，然后用坚强的意志去贯彻。惟有如此，方谈得到安排收支等等的理财之道。孩子，光是瞧不起金钱不解决问题；相反，正因为瞧不起金钱而不加控制，不会处理，临了竟会吃金钱的亏，做物质的奴役。单身汉还可用颜回的刻苦办法应急，有了家室就不行，你若希望弥拉也会甘于素衣淡食就要求太苛，不合实际了。为了避免落到这一步，倒是应当及早定出一个中等的生活水准使弥拉能同意，能实践，帮助你订计划执行。越是轻视物质越需要控制物质。你既要保持你艺术的尊严，人格的独立，控制物质更成为最迫切最需要的先决条件。孩子，假如你相信我这个论点，就得及早行动。

经济有了计划，就可按照目前的实际情况订一个音乐活动的计划。比如下一季度是你最忙，但也是收入最多的季度：那笔收入应该事先做好预算，切勿钱在手头，散漫使花，而是要作为今后减少演出的基础—— 说明白些就是基金。你常说音乐世界是茫茫大海，但音乐还不过是艺术中的一支，学问中的一门。望洋兴叹是无济于事的，要钻研仍然要订计划—— 这又跟你的演出的多少、物质生活的基础有密切关系。你结了婚，不久家累会更重；你已站定脚跟，但最要防止将来为了家累，为了物质基础的稳固，不知不觉的把演出、音乐为你一家数口服务。古往今来—— 尤其近代，多少艺术家（包括各个部门的）到中年以后走下坡路，难道真是他们愿意的吗？多半是为家庭拖下水的，而且拖下水的经过完全出于不知不觉。孩子，我为了你的前途不能不长篇累牍的告诫。现在正是设计你下一阶段生活的时候，应当振作精神，面对当前，眼望将来，从长考虑。何况我相信三五年到十年之内，会有一个你觉得非退隐一年二年不可的时期。一切真有成就的演奏家都逃不过这一关。你得及早准备。

最近三个月，你每个月都有一封长信，使我们好像和你对面谈天一样：这是你所能给我和你妈妈的最大安慰。父母老了，精神上不免一天天的感到寂寞。惟有万里外的游子归鸿使我们生活中还有一些光彩和生气。希望以后的信中，除了艺术，也谈谈实际问题。你当然领会到我做爸爸的只想竭尽所能帮助你进步，增进你的幸福，想必不致嫌我烦琐吧？

七月八日上午　又书

1961.8.1

亲爱的孩子：

二十四日接弥拉十六日长信，快慰之至。几个月不见她手迹着实令人挂心，不知怎么，我们真当她亲生女儿一般疼她；从未见过一面，却像久已认识的人那样亲切。读她的信，神情笑貌跃然纸上。口吻那么天真那么朴素，taste［品味］很好，真叫人喜欢。成功的婚姻不仅对当事人是莫大的幸福，而且温暖的光和无穷的诗意一直照射到、渗透入双方的家庭。敏读了弥拉的信也非常欣赏她的人品。

弥拉报告中有一件事教我们特别高兴：你居然去找过了那位匈牙利太太！（姓名弥拉写得不清楚，望告知！）多少个月来（在杰老师心中已是一年多了），我们盼望你做这一件事，一旦实现，不能不为你的音乐前途庆幸。写到此，又接你明信片；那么原来希望本月四日左右接你长信，又得推迟十天了。但愿你把技巧改进的经过与实际谈得详细些，让我转告李先生，好慢慢帮助国内的音乐青年，想必也是你极愿意做的事。本月十二至二十七日间，九月二十三日以前，你都有空闲的时间，除了出门休息（想你们一定会出门吧）以外，尽量再去拜访那位老太太，向她请教。尤其维也纳派（莫扎特、贝多芬、舒伯特），那种所谓repose［宁静］的风味必须彻底体会。好些评论对你这方面的欠缺都一再提及。至于追求细节太过，以致妨碍音乐的朴素与乐曲的总的轮廓，批评家也说过很多次。据我的推想，你很可能犯了这些毛病。往往你会追求一个目的，忘了其他，不知不觉钻入牛角尖（今后望深自警惕）。

可是深信你一朝醒悟，信从了高明的指点，你回头是岸，纠正起来是极快的，只是别矫枉过正，往另一极端摇摆过去就好了。

像你这样的年龄与经验，随时随地吸收别人的意见非常重要。经常请教前辈更是必需。你敏感得很，准会很快领会到那位前辈的特色与专长，尽量汲取——不到汲取完了决不轻易调换老师。

上面说到维也纳派的repose，推想当是一种闲适恬淡而又富于旷达胸怀的境界，有点儿像陶靖节、杜甫（某一部分田园写景）、苏东坡、辛稼轩（也是田园曲与牧歌式的词）。但我还捉摸不到真正维也纳派的所谓repose，不知你的体会是怎么回事？

近代有名的悲剧演员可分两派：一派是浑身投入，忘其所以，观众好像看到真正的剧中人在面前歌哭；情绪的激动，呼吸的起伏，竟会把人在火热的浪潮中卷走，Sarah Bernhardt［莎拉·伯恩哈特］即是此派代表（巴黎有她的纪念剧院）。一派刻画人物惟妙惟肖，也有大起大落的激情，同时又处处有一个恰如其分的节度，从来不流于"狂易"之境。心理学家说这等演员似乎有双重人格：既是演员，同时又是观众。演员使他与剧中人物合一，观众使他一切演技不会过火（即是能入能出的那句老话）。因为他随时随地站在圈子以外冷眼观察自己，故即使到了猛烈的高潮峰顶仍然能控制自己。以艺术而论，我想第二种演员应当是更高级。观众除了与剧中人发生共鸣，亲身经受强烈的情感以外，还感到理性节制的伟大，人不被自己情欲完全支配的伟大。这伟大也就是一种美。感情的美近于火焰的美、浪涛的美、疾风暴雨之美，或是风和日暖、鸟语花香的美，理性的美却近于钻石的闪光、星星的闪光、近于雕刻精工的美、完满无疵的美，也就是智慧之美！情感与理性平衡所以最美，因为是最上乘的人生哲学、生活艺术。

记得好多年前我已与你谈起这一类话。现在经过千百次实际登台的阅历，大概更能体会到上述的分析可应用于音乐了吧？去冬你岳父来信说，你弹两支莫扎特协奏曲，能把强烈的感情纳入古典的形式之内，他意思即是指感情与理性的平衡。但你还年轻，出台太多，往往体力不济，或技巧不够放松，难免临场紧张，或是情不由己，be carried away［忘乎所以］。并且你整个品性的涵养也还没到此地步。不过早晚你会在这方面成功的，尤其技巧有了大改进以后。

国内形势八个月来逐渐改变，最近周总理关于文艺工作十大问题的报告长达八小时，内容非常精彩。惟尚未公布，只是京中极高级的少数人听到，我们更只知道一鳞半爪，不敢轻易传达。总的倾向是由紧张趋向缓和，由急进趋向循序渐进。也许再过一些日子会有更明朗的轮廓出现。

访美演出节目望郑重考虑，事先多与有经验的人商量，勿主观太强。再美国记者讲话尖得很，提起问题来往往很“促狭”。望特别留意，别说溜了口。宁可装傻一些，对政治最好绝口不提，有问也坚决不答。我这样提早告诉你，要你印象深一些，多有思想准备。

爸爸　六一年八月一日

1961.8.19

亲爱的孩子：

近几年来常常想到人在大千世界、星云世界中多么微不足道，因此更感到人自命为万物之灵实在狂妄可笑。但一切外界的事物仍不断对我发生强烈的作用，引起强烈的反应和波动，忧时忧国不能自已；另一时期又觉得转眼之间即可撒手而去，一切于我何有哉！这一类矛盾的心情几乎经常控制了我：主观上并无出世之意，事实上常常浮起虚无幻灭之感。个人对一切感觉都敏锐、强烈，而常常又自笑愚妄。不知这是现代中国知识分子的共同苦闷，还是我特殊的气质使然。即使想到你，有些安慰，却也立刻会想到随时有离开你们的可能，你的将来，你的发展，我永远看不见的了，你十年二十年后的情形，对于我将永远是个谜，正如世界上的一切，人生的一切，到我脱离尘世之时都将成为一个谜——个人消灭了，茫茫宇宙照样进行，个人算得什么呢！

爸爸　八月十九日

1961.8.31／9.1

亲爱的孩子：

八月二十四日接十八日信，高兴万分。你最近的学习心得引起我许多感想。杰老师的话真是至理名言，我深有同感。会学的人举一反三，稍经点拨，即能跃进。不会学的不用说闻一以知十，连闻一以知一都不容易办到，甚至还要缠夹，误入歧途，临了反抱怨老师指引错了。所谓会学，条件很多，除了悟性高以外，还要足够的人生经验……现代青年头脑太单纯，说他纯洁固然不错，无奈遇到现实，纯洁没法作为斗争的武器，倒反因天真幼稚而多走不必要的弯路。玩世不恭、cynical［愤世嫉俗］的态度当然为我们所排斥，但不懂得什么叫做 cynical 也反映入世太浅，眼睛只会朝一个方向看。周总理最近批评我们的教育，使青年只看见现实世界中没有的理想人物，将来到社会上去一定感到失望与苦闷。胸襟眼界狭小的人，即使老辈告诉他许多旧社会的风俗人情，也几乎会骇而却走。他们既不懂得人是从历史上发展出来的，经过几千年上万年的演变过程才有今日的所谓文明人，所谓社会主义制度下的人，一切也就免不了管中窥豹之弊。这种人倘使学文学艺术，要求体会比较复杂的感情，光暗交错、善恶并列的现实人生，就难之又难了。要他们从理论到实践，从抽象到具体，样样结合起来，也极不容易。但若不能在理论→实践、实践→理论、具体→抽象、抽象→具体中不断来回，任何学问都难以入门。

以上是综合的感想。现在谈谈你最近学习所引起的特殊问题。

据来信，似乎你说的relax［放松］不是五六年以前谈的纯粹技巧上的relax，而主要是精神、感情、情绪、思想上的一种安详、闲适、淡泊、超逸的意境，即使牵涉到技术，也是表现上述意境的一种相应的手法、音色与tempo rubato［弹性速度］等等。假如我这样体会你的意思并不错，那我就觉得你过去并非完全不能表达relax的境界，只是你没有认识到某些作品、某些作家确有那种relax的精神。一年多以来，英国批评家有些说你的贝多芬（当然指后期的奏鸣曲）缺少那种Viennese repose［维也纳式的闲适］，恐怕即是指某种特殊的安闲、恬淡、宁静之境，贝多芬在早年、中年剧烈挣扎与苦斗之后，到晚年达到的一个peaceful mind［心境平和］，也就是一种特殊的serenity［平静］（是一种resignation［顺从］产生的serenity）。但精神上的清明恬静之境也因人而异，贝多芬的清明恬静既不同于莫扎特的，也不同于舒伯特的。稍一混淆，在水平较高的批评家、音乐家以及听众耳中就会感到气息不对，风格不合，口吻不真。

我是用这种看法来说明你为何在弹斯卡拉蒂和莫扎特时能完全relax，而遇到贝多芬与舒伯特就成问题。另外两点，你自己已分析得很清楚：一是看到太多的drama［戏剧性事件］，把主观的情感加诸原作；二是你的个性与气质使你不容易relax，除非遇到斯卡拉蒂与莫扎特，只有轻灵、松动、活泼、幽默、妩媚、温婉而没法找出一点儿借口可以装进你自己的drama。因为莫扎特的drama不是十九世纪的drama，不是英雄式的斗争、波涛汹涌的感情激动、如醉若狂的fanaticism［狂热］；你身上所有的近代人的drama气息绝对应用不到莫扎特作品中去；反之，那种十八世纪式的flirting［调情］和诙谐、俏皮、讥讽等等，你倒也很能体会，所以能把莫扎特表达得恰如其分。还有一个原因，凡作品整体都是relax的，在你不难掌握；其中有激烈的波动又有苍茫惆怅的那种relax的作品，如肖邦，因为与你气味相投，故成绩也较有把握。但若既有激情又有隐忍恬淡，如贝多芬晚年之作，你即不免抓握不准。你目前的发展阶段，已经到了理性的控制力相当强，手指神经很驯服的能听从头脑的指挥，故一朝悟出了关键所在的作品精神，领会到某个作家的relax该是何种境界何种情调时，即不难在短时期内改变面目，而技巧也跟着适应要求，像你所说"有些东西一下子显得容易了"。旧习未除，亦非短期所能根绝，你也分析得很彻底：悟是一回事，养成新习惯来体现你的"悟"是另一回事。

以色列——伊斯坦布尔——雅典的演出能延迟到明年六月，倒是大好事，你在访美以前正可把新收获加以"巩固"。

最后你提到你与我气质相同的问题，确是非常中肯。你我秉性都过敏，容易紧张。而且凡是热情的人多半流于执着，有fanatic［狂热］倾向。你的观察与分析一点不错。我也常说应该学学周伯伯那种潇洒、超脱、随意游戏的艺术风格，冲淡一下太多的主观与肯定，所谓positivism［武断］。无奈向往是一事，能否做到是另一事。有时个性竟是顽强到底，什么都扭它不过。幸而你还年轻，不像我业已定型，也许随着阅历与修养，加上你在音乐中的熏陶，早晚能获致一个既有热情又能冷静、能入能出的境界。总之，今年你请教Kabos［卡波斯］太太后，所有的进步是我与杰老师久已期待的；我早料到你并不需要到四十左右才悟到某些淡泊、朴素、闲适之美——像去年四月《泰晤士报》评论你两次肖邦音乐会所说的。附带又想起批评界常说你追求细节太过，我相信事实确是如此，你专追一门的劲也是fanatic［狂热］得厉害，比我还要执着。或许近两个月以来，在这方面你也有所改变了吧？注意局部而忽视整体，雕琢细节而动摇大的轮廓固谈不上艺术；即使不妨碍完整，雕琢也要无斧凿痕，明明是人工，听来却宛如天成，才算得艺术之上乘。

这些常识你早已知道，问题在于某一时期目光太集中在某一方面，以致耳不聪、目不明，或如孟子所说“明察秋毫而不见舆薪”。一旦醒悟，回头一看，自己就会大吃一惊，正如一九五五年时你何等欣赏米凯兰杰利，最近却弄不明白当年为何如此着迷。

八月三十一日夜

早在一九五七年里赫特在沪演出时，我即觉得他的舒伯特没有grace［雅致］。以他的身世而论，很可能于不知不觉中走上神秘主义的路。生活在另外一个世界中，那世界只有他一个人能进去，其中的感觉、刺激、形象、色彩、音响都另有一套，非我们所能梦见。神秘主义者往往只有纯洁、朴素、真诚，但缺少一般的温馨妩媚。便是文艺复兴初期的意大利与佛兰德斯宗教画上的grace也带一种圣洁的他世界的情调，与十九世纪初期维也纳派的风流蕴藉，熨帖细腻，同时也带一些淡淡的感伤的柔情毫无共通之处。而斯拉夫族，尤其俄罗斯民族的神秘主义又与西欧的罗马正教一派的神秘主义不同。听众对里赫特演奏的反应如此悬殊也是理所当然的。二十世纪六十年代的人还有几个能容忍音乐上的神秘主义呢？至于捧他上天的批评只好目之为梦呓，不值一哂。

从通信所得的印象，你岳父说话不多而含蓄甚深，涵养功夫极好，但一言半语中流露出他对人生与艺术确有深刻的体会。以他成年前所受的教育和那么严格的纪律而论，能长成为今日这样一个独立自由的人，在艺术上保持鲜明的个性，已是不大容易的了。可见他秉性还是很强，不过藏在内里，一时看不出罢了。他自己在书中说：“我外表是赫夫齐芭，内心是雅尔太。”但他坚强的个性不曾发展到他母亲的路上，没有那种过分的民族自傲，也算大幸。

尽管那本传记经过狄阿娜夫人校阅，但其中并无对狄阿娜特别恭维的段落，对诺拉亦无贬词—— 这些我读的时候都很注意。上流社会的妇女总免不了当面一套、背后一套：为了在西方社会中应付，也有不得已的苦衷。主要仍须从大事情大原则上察看一个人的品质。希望你竭力客观，头脑冷静，前妻的子女对后母必有成见，我们局外人只能以亲眼目睹的事实来判断，而且还须分析透彻。年轻人对成年人的看法往往不大公平，何况对待后母！故凡以过去的事为论证的批评最好先打个问号，采取保留态度，勿急于下断语。家务事曲折最多，单凭一面之词难以窥见真相。

九月一日

1961.9.14

亲爱的孩子：

你工作那么紧张，不知道还有时间和弥拉谈天吗？我无论如何忙，要是一天之内不与你妈谈上一刻钟十分钟，就像漏了什么功课似的。时事感想，人生或大或小的事务的感想，文学艺术的观感，读书的心得，翻译方面的问题，你们的来信，你的行踪……上下古今，无所不谈，拉拉扯扯，不一定有系统，可是一边谈一边自己的思想也会整理出一个头绪来，变得明确；而妈妈今日所达到的文化、艺术与人生哲学的水平，不能不说一部分是这种长年的闲谈熏陶出来的。去秋你信中说到培养弥拉，不知事实上如何做？也许你父母数十年的经历和生活方式还有值得你参考的地方。以上所提的日常闲聊便是熏陶人最好的一种方法。或是饭前饭后或是下午喝茶［像你们也有英国人喝tea（茶）的习惯吧］的时候，随便交换交换意见，无形中彼此都得到不少好处：启发，批评，不知不觉的提高自己，提高对方。总不能因为忙，各人独自生活在一个小圈子里。少女少妇更忌精神上的孤独。共同的理想、热情，需要长期不断的灌溉栽培，不是光靠兴奋时说几句空话所能支持的。而一本正经的说大道理，远不如日常生活中琐琐碎碎的一言半语来得有效—— 只要一言半语中处处贯彻你的做人之道和处事的原则。孩子，别因为埋头于业务而忘记了你自己定下的目标，别为了音乐的艺术而抛弃生活的艺术。弥拉年轻，根基未固，你得耐性细致、孜孜不倦地关怀她，在人生琐事方面、读书修养方面、感情方面，处处观察、分析、思索，以诚挚深厚的爱做原动力，以冷静的理智做行动的指针，加以教导、加以诱引，和她一同进步！倘或做这些工作的时候有什么困难，千万告诉我们，可帮你出主意解决。你在音乐艺术中固然只许成功，不许失败；在人生艺术中、婚姻艺术中也只许成功，不许失败！这是你爸爸妈妈最关心的，也是你一生幸福所系。而且你很明白，像你这种性格的人，人生没法与艺术分离，所以要对你的艺术有所贡献，家庭生活与夫妇生活更需要安排得美满。语重心长，但愿你深深体会我们爱你和爱你的艺术的热诚，从而在行动上彻底实践！

我老想帮助弥拉，但自知手段笨拙，深怕信中处处流露出说教口吻和家长面孔。青年人对中年老年人另有一套看法，尤其西方少妇。你该留意我的信对弥拉起什么作用：要是她觉得我太古板、太迂等等，得赶快告诉我，让我以后对信中的措辞多加修饰。我决不嗔怪她，可是我极需要知道她的反应来调节我教导的方式方法。你务须实事求是，切勿粉饰太平，歪曲真相：日子久了，这个办法只能产生极大的弊害。你与她有什么不协和，我们就来解释、劝说；她与我们之间有什么不协和，你就来解释、劝说，这样才能做到所谓“同舟共济”。我在中文信中谈的问题，你都可挑出一二题目与她讨论；我说到敏的情形也好告诉她：这叫做旁敲侧击，使她更了解我们。我知道她家务杂务、里里外外忙得不可开交，故至今不敢在读书方面督促她。我屡屡希望你经济稳定，早日打定基础，酌量减少演出，使家庭中多些闲暇，一方面也是为了弥拉的进修（要人进修，非给相当时间不可）。我一再提议你去森林或郊外散步，去博物馆欣赏名作，大半为了你，一小半也是为了弥拉。多和大自然与造型艺术接触，无形中能使人恬静旷达（古人所云“荡涤胸中尘俗”，大概即是此意），维持精神与心理的健康。在众生万物前面不自居为“万物之灵”，方能祛除我们的狂妄，打破纸醉金迷的俗梦，养成淡泊洒脱的胸怀，同时扩大我们的同情心。欣赏前人的遗迹，看到人类伟大的创造，才能不使自己被眼前的局势弄得悲观，从而鞭策自己，竭尽所能的在尘世留下些少成绩。以上不过是与大自然及造型艺术接触的好处的一部分，其余你们自能体会。

你对狄阿娜夫人与岳父的意见，大概决不会与外人谈到吧？上流社会，艺术界，到处都有搬嘴舌的人，必须提防。别因为对方在这些问题上与你看法相同，便流露出你的心腹（一个人上当最多就是在这种场合）。特别对你岳父的意见，你务必“讳莫如深”，只跟我们谈；便是弥拉面前也不宜透露，她还没有到年纪，不能冷静分析从小崇拜的父亲。再说，一个名流必有或多或少忌妒的人：社会上对你岳父的议论都得用自己的头脑来分析过，与事实核对过；否则不能轻易信服。

国内今年灾情仍严重，据中央报告，明年生活可能还要艰苦。

暂时带住，希望本月内还能收到你的信。一切珍重！

爸爸　九月十四日晨

1961.10.5

亲爱的聪：

我抱着满腔愉快的心情告诉你一个好消息，我日夜盼望的那么一天终于到来，爸爸的问题解决了，已于九月三十日报上发表（就是“摘掉帽子”）。爸爸是一九五八年四月底戴上右派帽子的，他是文艺界中最后一个，当时阿敏就要告诉你，我们怕刺激你，立即去信阻止，所以你大概有些不清不楚。这完全是党的宽大以及他数十年如一日的辛勤工作的结果，但他自己认为谈不上什么自我改造。他认为本来“戴帽子”与“摘帽子”都是他们的事，与他无关。

爸爸这四年来深居简出，闭门思过。领导上多方照顾，使他能安心工作，忘记一切，可是这几年来身体衰弱，精神疲劳，那股劲已大不如前了。他自己觉得力量有限，今后惟有在自己小小工作范围内，发挥能力，报效国家。你是特别关心爸爸的，所以我急于告诉你，让你更愉快更奋发的为祖国争光。

孩子，你跟爸爸相似的地方太多了，连日常生活也如此相似，老关在家里练琴，听唱片，未免太单调。要你出去走走，看看博物馆，无非是调剂生活，丰富你的精神生活。你的主观、固执，看来与爸爸不相上下，这个我是绝对同情弥拉的，我决不愿意身受折磨会在下一代的儿女身上重现—— 你是自幼跟我在一起，生活细节也看得多，你是最爱妈妈的，也应该是最理解妈妈的。我对你爸爸性情脾气的委曲求全，逆来顺受，都是有原则的，因为我太了解他，他一贯的秉性乖戾，嫉恶如仇，是有根源的—— 当时你祖父受土豪劣绅的欺侮压迫，二十四岁上就郁闷而死，寡母孤儿（你祖母和你爸爸）悲惨凄凉的生活，修道院式的童年，真是不堪回首。到成年后，孤军奋斗，爱真理，恨一切不合理的旧传统和杀人不见血的旧礼教，为人正直不苟，对事业忠心耿耿，我爱他，我原谅他。为了家庭的幸福，儿女的幸福，以及他孜孜不倦的事业的成就，放弃小我，顾全大局。爸爸常常抱恨自己把许多坏脾气影响了你，所以我们要你及早注意，克制自己，把我们家上代悲剧的烙印从此结束，而这个结束就要从你开始，才能不再遗留到后代身上去。

现在弥拉还年轻，有幻想，有热情，多少应该满足她活跃的青春的梦，偶尔看看电影，上博物馆，陶醉在过去的历史的成果中，欣赏体会；周末去郊外或公园散步闲游，吸收自然界的美，要过这种有计划有调节的生活，人生才有意思。我们是年老了，可是心里未尝不向往这种生活呢！

目前你赶巡回演出的节目，一切都谈不上，可是让你心中有数，碰到有时间有机会的时候，千万争取利用，不可随便放弃。好孩子，你是爱父母的，那么千言万语，无非要你们更美满更幸福，总要接受父母的劝告，让我们也跟着你们快活，何乐而不为呢。

知道你近几月来手头紧，我心里很不安，我们要你寄许多药物食物，多少有影响吧？我不明白你们日常开支是否有个预算，还是毫无计划的有一钱用一钱，还是为了结婚，布置新居用过了头，亏空了。希望你们巡回演出回来后，好好合理安排，要经济实惠，脱尽浮夸，并把过去用度的方法回顾一下，取消不合理不必要的用度，接受教训，开支平衡，那么你可以少开一些音乐会，多一些时间花在其他艺术活动里，那么身心自然更为愉快，而你的艺术修养更丰富多样了。

下月初起，你们要出门起码四个月，希望不断的接到你们的消息。

你忙少写些无妨，我想弥拉这方面可多做些，我相信她会随时报告消息。告诉弥拉，我无时无刻不在想念她，疼她。不多谈了，再见！

妈妈　十月五日夜

亲爱的孩子：

等了好久，昨晚才收到弥拉的信。没料到航空寄的画竟和信一样快。我挑选的作品你们俩都喜爱，可见我与你们的眼光与口味完全一致，也叫我非常高兴。弥拉没提到周文中的评论材料，也没说起四包乐谱是否收到，令人悬悬。下次来信务必交代清楚！

说起周文中，据陈伯伯（又新）说，原是上海音乐馆（上海音专的前身）学生，跟陈伯伯学过多年小提琴，大约与张国灵同时。胜利后出国。陈伯伯解放初年留英期间，周还与他通信。据说小提琴拉得不差呢。

八九两月你统共只有三次演出，但似乎你一次也没去郊外或博物馆。我知道你因技术与表达都有大改变，需要持续加工和巩固；访美的节目也得加紧准备；可是两个月内毫不松散也不是办法。两年来我不知说了多少次，劝你到森林和博物馆走走，你始终不能接受。孩子，我多担心你身心的健康和平衡；一切都得未雨绸缪，切勿到后来悔之无及。单说技巧吧，有时硬是别扭，倘若丢开一个下午，往大自然中跑跑，或许下一天就能顺利解决。人的心理活动总需要一个酝酿的时期，不成熟时硬要克服难关，只能弄得心烦意躁，浪费精力。音乐理解亦然如此。我始终觉得你犯一个毛病，太偏重以音乐本身去领会音乐。你的思想与信念并不如此狭窄，很会海阔天空的用想象力；但与音乐以外的别的艺术，尤其大自然，实际上接触太少。整天看谱、练琴、听唱片……久而久之会减少艺术的新鲜气息，趋于抽象、闭塞，缺少生命的活跃与搏击飞纵的气势。我常常为你预感到这样一个危机，不能不舌敝唇焦，及早提醒，要你及早防止。你的专业与我的大不同。我是不需要多大创新的，我也不是有创新才具的人：长年关在家里不致在业务上有什么坏影响。你的艺术需要时时刻刻的创造，便是领会原作的精神也得从多方面（音乐以外的感受）去探讨：正因为过去的大师就是从大自然，从人生各方面的材料中“泡”出来的，把一切现实升华为emotion［情绪］与sentiment［感情］，所以表达他们的作品也得走同样的路。这些理论你未始不知道，但似乎并未深信到身体力行的程度。另外我很奇怪：你年纪还轻，应该比我爱活动；你也强烈的爱好自然，怎么实际生活中反而不想去亲近自然呢？我记得很清楚，我二十二三岁在巴黎、瑞士、意大利以及法国乡间，常常在月光星光之下，独自在林中水边踏着绿茵，呼吸浓烈的草香与泥土味、溪水味，或是借此舒散苦闷，或是沉思默想。便是三十多岁在上海，一逛公园就觉得心平气和，精神健康多了。太多与刺激感官的东西（音乐便是刺激感官最强烈的）接触，会不知不觉失去身心平衡。你既憧憬希腊精神，为何不学学古希腊人的榜样呢？你既热爱陶潜、李白，为什么不试试去体会“采菊东篱下，悠然见南山”的境界（实地体会）呢？你既从小熟读克利斯朵夫，总不致忘了克利斯朵夫与大自然的关系吧？还有造型艺术，别以家中挂的一些为满足，干嘛不上大英博物馆去流连一下呢？大概你会回答我说没有时间，做了这样就得放弃那样。可是暑假中比较空闲，难道去一两次郊外与美术馆也抽不出时间吗？只要你有兴致，便是不在假中，也可能特意上美术馆，在心爱的一两幅画前面呆上一刻钟半小时。不必多，每次只消集中一两幅，来回统共也花不了一个半小时；无形中积累起来的收获可是不小呢！你说我信中的话，你“没有一句是过耳不入”的，好吧，那么在这方面希望你思想上慢慢酝酿，考虑我的建议，有机会随时试一试，怎么样？行不行呢？我一生为你的苦心，你近年来都体会到了。可是我未老先衰，常有为日无多之感，总想尽我仅有的一些力量，在我眼光所能见到的范围以内帮助你，指导你，特别是早早指出你身心与艺术方面可能发生的危机，使你能预先避免。“语重心长”这四个字形容我对你的态度是再贴切没有了。只要你真正爱你的爸爸，爱你自己，爱你的艺术，一定会郑重考虑我的劝告，接受我数十年如一日的这股赤诚的心意！

你也很明白，钢琴上要求放松先要精神上放松，过度的室内生活与书斋生活恰恰是造成现代知识分子神经紧张与病态的主要原因；而萧然意远、旷达恬静、不滞于物、不凝于心的境界只有从自然界中获得，你总不能否认吧？

还有很重要的一点：弥拉比你小五岁，应该是喜欢活动的年纪。你要是闭户家居，岂不连带她感到岑寂枯索？而看她的气质，倒也很爱艺术与大自然，那就更应该同去欣赏，对彼此都有好处。只有不断与森林、小溪、花木、鸟兽、虫鱼和美术馆中的杰作亲炙的人，才会永远保持童心、纯洁与美好的理想。培养一个人，空有志愿有什么用？主要从行动着手！无论多么优秀的种籽，没有适当的环境、水土、养分，也难以开花结果，说不定还会中途变质或夭折。弥拉的妈妈诺拉本性何尝不好、不纯洁，就是与伊虚提之间缺少一个共同的信仰与热爱，缺少共同的devotion［热忱］，才会如此下场。即使有了共同的理想与努力的目标，仍然需要年纪较长的伙伴给她熨帖的指点，带上健全的路，帮助她发展，给她可能发展的环境和条件。你切不可只顾着你的艺术，也得分神顾到你一生的伴侣。二十世纪登台演出的人更非上一世纪的演奏家可比，他要紧张得多，工作繁重得多，生活忙乱得多，更有赖于一个贤内助。所以分些精神顾到弥拉（修养、休息、文娱活动……），实际上仍是为了你的艺术；虽然是间接的，影响与后果之大却非你意想所及。你首先不能不以你爸爸的缺点——脾气暴躁为深戒，其次不能期待弥拉也像你妈妈一样和顺。在西方女子中，我与你妈妈都深切感到弥拉已是很好的好脾气了，你该知足，该约制自己。天下父母的心总希望子女活得比自己更幸福；只要我一旦离开世界的时候，对你们俩的结合能有确切不移的信心，也是我一生极大的酬报了！

十一月至明春二月是你去英后最忙的时期，也是出入重大的关头；旅途辛苦，演出劳累，难免神经脆弱，希望以最大的忍耐控制一切，处处为了此行的使命与祖国荣辱攸关着想。但愿你明年三月能够以演出与性情脾气双重的成功报告我们，那我们真要快乐到心花怒放了！——放松，放松！精神上彻底的轻松愉快，无挂无碍，将是你此次双重胜利的秘诀！

另一问题始终说服不了你，但为你的长久利益与未来的幸福不得不再和你唠叨。你历来厌恶物质，避而不谈；殊不知避而不谈并不解决问题，要不受物质之累，只有克服物质、控制物质，把收支情况让我们知道一个大概，帮你出主意妥善安排。惟有妥善安排才能不受物质奴役。凡不长于理财的人少有不吃银钱之苦的。我和你妈妈在这方面自问还有相当经验可给你作参考。你怕烦，不妨要弥拉在信中告诉我们。她年少不更事，只要你从旁怂恿一下，她未始不愿向我们学学理财的方法。你们早晚要有儿女，如不及早准备，临时又得你增加演出来弥补，对你的艺术却无裨益。其次要弥拉进修、多用些书本功夫，也该给她时间；目前只有一个每周来两次的maid［女佣］，可见弥拉平日处理家务还很忙。最好先逐步争取，经济上能雇一个每日来帮半天的女佣。每年暑假至少要出门完全休息两星期。这种种都得在家庭收支上调度得法，订好计划，方能于半年或一年之后实现。当然主要在于实际执行而不仅仅是一纸空文的预算和计划。唱片购买也以随时克制为宜，勿见新即买。我一向主张多读谱，少听唱片，对一个像你这样的艺术家帮助更大。读谱好比弹琴用urtext［德文，即原作］，听唱片近乎用某人某人edit［编选］的谱。何况我知道你十年二十年后不一定永远当演奏家；假定还可能向别方面发展，长时期读谱也是极好的准备。我一心一意为你打算，不论为目前或将来，尤其为将来。你忙，没空闲来静静的分析，考虑；倘我能代你筹划筹划，使我身后你还能得到我一些好处——及时播种的好处，那我真是太高兴了。

你的唱片公司，经去信后一个月无回音。（照唱片套子上地址及公司牌号写的，不会不对么？）今天我再去信要求用航空寄来。好在片子只两张，分量轻，所费不多。封套后面关于演奏家的说明文字，前信我已与你提过，以后千万在事先注意！

本月你音乐会那么多，还能在访美前给我们来信么？访美访澳期间，希望弥拉多多动笔，万万勿令我们望穿秋水！

LTC-28信中曾劝你去美前，先与弥拉从长计议，访美访澳的收入应如何安排。望能切实照办，定好计划必须切实执行。在用钱方面你还不够理智，还得常常想起我的榜样才好。家庭开支倘非每月月底细核，常会出轨！我们在家至今用此法调节，方不致闹亏空。

前几封长信所谈的问题，希望能得到你一些反应。好些事除了对你，我几乎不和别人谈了。倘不影响你的工作与休息，我真祝望多读到你的长信！

爸爸　一九六一年十月五日深夜

一九六二年

继访问美国后，傅聪赴南美、维也纳等地举办音乐会，舟车劳顿，家信渐少，傅雷夫妇牵挂不已。

1962.1.14

聪，亲爱的孩子：

又快一个月没给你写信了。你们信少，我们的信也不知不觉跟着减少。你在外忙得昏天黑地，未必有闲情逸致读长信；有些话和你说了你亦过日即忘；再说你的情形我们一无所知，许多话也无从谈起。

十日收到来电，想必你们俩久不执笔，不免内疚，又怕我们着急之故吧？不管怎样，一个电报引得妈妈眉开眼笑，在吃饭前说："开心来……"我问："为什么？"她说："为了孩子。"

今天星期日，本想休息，谁知一提笔就写了七封信，这一封是第八封了。从十一月初自苏州回来后，一口气工作至今，赛过跑马拉松，昨天晚上九点半放下笔也感到脑子疲惫得很了。想想自己也可笑，开头只做四小时多工作，加到六小时，译一千字已经很高兴了；最近几星期每天做到八九小时，译到两千字，便又拿两千字作为新定量，好似老是跟自己劳动竞赛，抢"红旗"似的。幸而脑力还能支持，关节炎也不常发。只是每天上午泪水滔滔，呵欠连连；大概是目力用得过度之故。一年来健康好转（妈妈皮色也好看了）都亏你食物药物的接济。这半年敏身体也强了些。可是六一年至少三四个音乐会的收入都报销在我们身上了吧？

伦敦十一月中旬寄出的食物包，Harrods 破天荒第一次写上了寄件人姓名，而且写的是Mrs. Fou Ts' ong，于是海关认为非华侨，我们即不能享受免税照顾，而税的总额要六十余元（约合十英镑！），后经统战部代为洽商，花了三星期，才答应付半税，而且声明“下不为例”。我已去信公司，郑重嘱咐以后寄件人只能写你的名字，否则一次十英镑，我们也吃不消。因为香港寄来的油、糖、面粉、烟丝等等，我们一向是照章纳税的。你每两个月寄的一百元人民币，正好抵充此项关税。

此次出外四月，收入是否预先订好计划？不管你们俩听从与否，我总得一再提醒你们。既然生活在金钱世界中，就不能不好好的控制金钱，才不致为金钱所奴役。

当然，世界上到处没有两全之事，一切全赖自己掌握，目的无非是少受些物质烦恼，多一些时间献给学问和艺术。理想的世界始终是理想；无论天南地北，看不上眼的事总是多于看得上眼的。但求不妨碍你的钻研，别的一切也就可以淡然置之。烦闷徒然浪费时间，扰乱心绪，犯不上！你恐怕对这些也想过很多，旷达了不少吧？

还得写几句给弥拉，光写你的不写她的信，心上也不好过，好像对不起她，冷淡她似的。千万保重！得便就充分休息！多接近大自然！

爸爸　一九六二年一月十四日下午

1962.1.21

亲爱的孩子：

斐济岛来信，信封上写明挂号，事实并没有挂号，想必交旅馆寄，他们马虎过去了。以后别忘了托人代送邮局的信，一定要追讨收条。你该记得一九五五年波兰失落一长信，害得我们几个星期心绪不宁。十一月到十二月间，敏有二十六天没家信，打了两个电报去也不复，我们也为之寝食不安；谁知中间失落了两封信，而他又功课忙，不即回电，累我们急得要命。

读来信，感触万端。年轻的民族活力固然旺盛，幼稚的性情脾气少接触还觉天真可爱，相处久了恐怕也要吃不消的。我们中国人总爱静穆，沉着，含蓄，讲taste［品味］，遇到silly［愚蠢］的表现往往会作恶。生命力旺盛也会带咄咄逼人的意味，令人难堪。我们朋友中即有此等性格的，我常有此感觉。也许我自己的dogmatic［教条］气味，人家背后已在怨受不了呢。我往往想，像美国人这样来源复杂的民族究竟什么是他的定型，什么时候才算成熟。他们二百年前的祖先不是在欧洲被迫出亡的宗教难民（新旧教都有，看欧洲哪个国家而定；大多数是新教徒—— 来自英法。旧教徒则来自荷兰及北欧），便是在事业上栽了筋斗的人，不是年轻的淘金者便是真正的强盗和杀人犯。这些人的后代，反抗与斗争性特别强是不足为奇的，但传统文化的熏陶欠缺，甚至于绝无仅有也是想象得到的。只顾往前直冲，不问成败，什么都可以孤注一掷，一切只问眼前，冒起危险来绝不考虑值不值得，不管什么场合都不难视生命如鸿毛：这一等民族能创业，能革新，但缺乏远见和明智，难于守成，也不容易成熟。自信太强，不免流于骄傲，看事太轻易，未免幼稚狂妄。难怪资本主义到了他们手里会发展得这样快，畸形得这样厉害。我觉得他们的社会好像长着一个癌：少数细胞无限制的扩张，把其他千千万万的细胞吞掉了；而千千万万的细胞在未被完全吞掉以前，还自以为健康得很，“自由”“民主”得很呢！

可是社会的发展毕竟太复杂了，变化太多了，不能凭任何理论“一以蔽之”的推断。比如说，关于美国钢琴的问题，在我们爱好音乐的人听来竟可说是象征音乐文化在美国的低落；但好些乐队水准比西欧高，又怎么解释呢？经理人及其他音乐界的不合理的事实，垄断、压制、扼杀个性等等令人为之发指；可是有才能的艺术家在青年中还是连续不断的冒出来：难道就是新生的与落后的斗争吗？还是新生力量也已到了强弩之末呢？美国音乐创作究竟是在健康的路上前进呢，还是总的说来是趋向于消沉，以至于腐烂呢？人民到处是善良正直的，分得出是非美丑的，反动统治到处都是牛鬼蛇神；但在无线电、TV、报刊等等的麻痹宣传之下，大多数人民的头脑能保得住清醒多久呢？我没领教过极端的物质文明，但三十年前已开始关心这个问题。欧洲文化界从第一次大战以后曾经几次三番讨论过这个问题，可是真正的答案只有未来的历史。是不是不穷不白就闹不起革命呢，还是有家私的国家闹出革命来永远不会彻底？就是彻底了，穷与白的病症又要多少时间治好呢？有时我也像服尔德小说中写的一样，假想自己在另一个星球上，是另一种比人更高等的动物，来看这个星球上的一切，那时不仅要失笑，也要感到茫茫然一片，连生死问题都不知该不该肯定了。当然，我不过告诉你不时有这种空想，事实上我受着“人”的生理限制，不会真的虚无寂灭到那个田地的，而痛苦烦恼也就不可能摆脱干净，只有靠工作来麻醉自己了。

辛辛那提、纽约、旧金山三处的批评都看到了一些样品，都不大高明（除了一份），有的还相当“小儿科”。至于弥拉讲的《纽约时报》的那位仁兄，简直叫人发笑。而《纽约时报》和《先驱论坛报》还算美国最大的两张日报呢！关于批评家的问题以及你信中谈到的其他问题，使我不单单想起《约翰·克利斯朵夫》中的“节场”（卷五），更想起巴尔扎克在《幻灭》（我正在译）第二部中描写一百三十年前巴黎的文坛、报界、戏院的内幕。巴尔扎克不愧为现实派的大师，他的手笔完全有血有肉，个个人物历历如在目前，决不像罗曼·罗兰那样只有意识形态而近于抽象的漫画。学艺术的人，不管绘画、雕塑、音乐，学不成都可以改行；画家可以画画插图、广告等等，雕塑家不妨改做室内装饰或手工业艺术品。钢琴家提琴家可以收门徒。专搞批评的人倘使低能，就没有别的行业可改，只能一辈子做个蹩脚批评家，或竟受人雇用，专做捧角的啦啦队或者打手。不但如此，各行各业的文化人和知识分子，一朝没有出路，自己一门毫无成就、无法立足时，都可以转业为批评家，于是批评界很容易成为垃圾堆。高明、严肃、有良心、有真知灼见的批评家所以比真正的艺术家少得多，恐怕就由于这些原因，你以为怎样？

一月二十一日下午

没想到澳洲演出反比美洲吃重，怪不得你在檀香山不早写信。重温巴托克，我听了很高兴，有机会弹现代的东西就不能放过，便是辛苦些也值得。对你的音乐感受也等于吹吹新鲜空气。

这次弥拉的信写得特别好，细腻、婉转，显出她很了解你，也对你的艺术关切到一百二十分。从头至尾感情丰富，而且文字也比以前进步。我得大大夸奖她一番才好。此次出门，到处受到华侨欢迎，对她也大有教育作用，让她看看我们的民族的气魄，同时也能培养她的热情豪侠。我早知道你对于夫妇生活的牢骚不足为凭。第一，我只要看看我自己，回想自己的过去，就知道你也是遇事挑剔，说话爱夸大，往往三分事实会说成六七分；其次青年人婚后，特别是有性格的人，多半要经过长时期的摸索方始能逐渐知情识性，相处融洽。恐怕此次旅行，要不是她始终在你身旁，你要受到许多影响呢。琐碎杂务最打扰人，尤其你需要在琴上花足时间，经不起零星打搅。我们一年多观察下来，弥拉确是本性善良、绝顶聪明的人，只要耐着性子，多过几年，一切小小的对立自会不知不觉的解决的。总而言之，我们不但为你此次的成功感到欣慰，也为你们两人一路和谐相处感到欣慰！

爸爸　一月二十一日夜

1962.1.22

亲爱的聪、弥拉：

收到你们长信的时候，正要吃中饭，我们两人高兴得一面看，一面吃，根本食物不知味，草草了事。你们告诉我们许多新鲜事儿，心里的快活，不知如何表达，你们的信实在太动人了，尤其那些老朋友的情景，回想当年，能不慨然！希望你们澳洲巡回演出完了，再报告我们好消息，把所见所闻写得越仔细越丰富越好，你们知道妈妈总是贪心不足，常嫌聪写得粗枝大叶呢！

每次爸爸写信，我还得抄录下来留底，你们的信也要抄下来或打字打下来，以备关心你们的亲友来看。你们看，我不是更忙么，但是我并不抱怨，因为是我乐意做的。

我想你们一定碰到过梁伯伯及林瑾阿姨了，我早已去信通知他们，他们就住在悉尼。我真羡慕那些朋友，他们可以听你的音乐会，到后台去见你；可是我们呢，远隔重洋，哪一天会见面啊！

阿敏二十六日到家了，我得去车站接他，他常问“哥哥他们有信么”，这次能看到你们的长信，真不知如何兴奋呢！他今年暑假毕业，分配工作大概回原校当助教，不久，就要为人师了。可怜他根底浅，各方面常识欠缺，等到做事，就感到贫乏，大大的不够了，还得继续下功夫。他资质差，就是经爸爸点拨，接受的能力有限，也就不够深入。前两个月他曾翻了两篇短文章寄来，爸爸替他仔细校阅，纠正错误，还逐条加以说明，白天没工夫，晚上加班加点。爸爸说，他非尽力帮助不可；为了儿子，做父亲的任何代价都不惜的。你是深知爸爸的那股劲儿，我常常为之感动得流泪。爸爸常说："阿敏我教得太少，心里不免内疚，现在得迎头赶上，可惜见面时间短，帮助也就不透了。"只要他自己努力，我相信他也不会辜负我们的。这次回家，我又要像"填鸭"一样给他吃了。

等你们回伦敦后，我们有一批照片给你们，你们一定高兴，看看爸妈老得还可爱么？告诉弥拉，我从心底里喜欢她，虽然我不能写英文，但我会看英文，所以我与她不会隔膜！匆匆忙忙涂几句算了，祝你们快乐！

妈妈　一九六二年一月二十二日

1962.3.25／4.1

聪，亲爱的孩子：

每次接读来信，总是说不出的兴奋、激动、喜悦、感慨、惆怅！最近报告美澳演出的两信，我看了在屋内屋外尽兜圈子，多少的感触使我定不下心来。人吃人的残酷和丑恶的把戏多可怕！你辛苦了四五个月落得两手空空，我们想到就心痛。固然你不以求利为目的，做父母的也从不希望你发什么洋财——而且还一向鄙视这种思想；可是那些中间人凭什么来霸占艺术家的劳动所得呢！眼看孩子被人剥削到这个地步，像你小时候被强暴欺凌一样，使我们对你又疼又怜惜，对那些吸血鬼又气又恼，恨得牙痒痒的！相信早晚你能从魔掌之下挣脱出来，不再做鱼肉。巴尔扎克说得好：社会踩不死你，就跪在你面前。在西方世界，不经过天翻地覆的革命，这种丑剧还得演下去呢。当然四个月的巡回演出在艺术上你得益不少，你对许多作品又有了新的体会，深入了一步。可见惟有艺术和学问从来不辜负人：花多少劳力，用多少苦功，拿出多少忠诚和热情，就得到多少收获与进步。写到这儿，想起你对新出的莫扎特唱片的自我批评，真是高兴。一个人停滞不前才会永远对自己的成绩满意。变就是进步——当然也有好的变质，成为坏的——眼光一天天不同，才窥见学问艺术的新天地，能不断的创造。妈妈看了那一段叹道：“聪真像你，老是不满意自己，老是在批评自己！”

美国的评论绝大多数平庸浅薄，赞美也是皮毛。英国毕竟还有音乐学者兼写报刊评论，如伦敦*Times*［《泰晤士报》］和曼彻斯特的《导报》，两位批评家水平都很高；纽约两家大报的批评家就不像样了，那位《纽约时报》的更可笑。很高兴看到你的中文并不退步，除了个别的词汇（我们说“心乱如麻”，不说“心痛如麻”。形容后者只能说“心痛如割”或”心如刀割”。又鄙塞、鄙陋不能说成“陋塞”，也许是你笔误）。读你的信，声音笑貌历历在目；议论口吻所流露的坦率、真诚、朴素、热情、爱憎分明，正和你在琴上表现出来的一致。孩子，你说过我们的信对你有如一面镜子；其实你的信对我们也是一面镜子，有些地方你我二人太相像了，有些话就像是我自己说的。平时盼望你的信即因为“薰莸同臭”，也因为对人生、艺术，周围可谈之人太少。不过我们很原谅你，你忙成这样，怎么忍心再要你多写呢？此次来信已觉出于望外，原以为你一回英国，演出那么多，不会再动笔了。可是这几年来，我们俩最大的安慰和快乐，的确莫过于定期接读来信。还得告诉你，你写的中等大的字（如此次评论封套上写的）非常好看；近来我的钢笔字已难看得不像话了。你难得写中国字，真难为你了！

三月二十五日

以上二十五日写，搁了一星期没写下去，在我也是破天荒。近来身体疲劳，除了每天工作以外，简直没精神再做旁的事，走一小段路也累得很。眼睛经常流泪，眼科医生检查，认为并非眼睛本身有毛病，而是一般性疲劳。三月初休息过半个月，并未好转。从六一年起饮食已大改进，现在的精力不济，大概是本身衰老；或者五九、六〇两年的营养不足，始终弥补不来。总而言之，疲劳是实，原因弄不清。

来信说到中国人弄西洋音乐比日本人更有前途，因为他们虽用苦功而不能化。化固不易，用苦功而得其法也不多见。以整个民族性来说，日华两族确有这点儿分别。可是我们能化的人也是凤毛麟角，原因是接触外界太少，吸收太少。近几年营养差，也影响脑力活动。我自己深深感到比从前笨得多。在翻译工作上也苦于化得太少，化得不够，化得不妙。艺术创造与再创造的要求，不论哪一门都性质相仿。音乐因为抽象，恐怕更难。理会的东西表达不出，或是不能恰到好处，跟自己理想的境界不能完全符合，不多不少。心、脑、手的神经联系，或许在音乐表演比别的艺术更微妙，不容易掌握到成为automatic［自如］的程度。一般青年对任何学科很少能做独立思考，不仅缺乏自信，便是给了他们方向，也不会自己摸索。原因极多，不能怪他们。十余年来的教育方法大概有些缺陷。青年人不会触类旁通，研究哪一门学问都难有成就。思想统一固然有统一的好处，但到了后来，念头只会往一个方向转，只会走直线，眼睛只看到一条路，也会陷于单调、贫乏、停滞。往一个方向钻并非坏事，可惜没钻得深。

月初看了盖叫天口述、由别人笔录的《粉墨春秋》，倒是解放以来谈艺术最好的书。人生—— 教育—— 伦理—— 艺术，再没有结合得更完满的了。从头至尾都有实例，决不是枯燥的理论。关于学习，他提出“慢就是快”，说明根基不打好，一切都筑在沙上，永久爬不上去。我觉得这一点特别值得我们深思。倘若一开始就猛冲，只求速成，临了非但一无结果，还造成不踏实的坏风气。德国人要不在整个十九世纪的前半期埋头苦干，在每一项学问中用死功夫，哪会在十九世纪末一直到今天，能在科学、考据、文学各方面放异彩？盖叫天对艺术更有深刻的体会。他说学戏必须经过一番“默”的功夫。学会了唱、念、做，不算数；还得坐下来叫自己“魂灵出窍”，就是自己分身出去，把一出戏默默的做一遍、唱一遍；同时自己细细观察，有什么缺点该怎样改，然后站起身来再做、再唱、再念。那时定会发觉刚才思想上修整很好的东西又跑了，做起来同想的完全走了样。那就得再练，再下苦功，再“默”，再做。如此反复做去，一出戏才算真正学会了，拿稳了。你看，这段话说得多透彻，把自我批评贯彻得多好！老艺人的自我批评决不放在嘴边，而是在业务中不断实践。其次，经过一再“默”练，作品必然深深的打进我们心里，与我们的思想感情完全化为一片。此外，盖叫天现身说法，谈了不少艺术家的品德、操守、做人，必须与艺术一致的话。我觉得这部书值得写一长篇书评：不仅学艺术的青年、中年、老年人，不论学的哪一门，应当列为必读书，便是从上到下一切的文艺领导干部也该细读几遍；做教育工作的人读了也有好处。不久我就把这书寄给你，你一定喜欢，看了也一定无限兴奋。

一年多没见到你们的照片了，很想要几张！下次再写，一切保重！

爸爸　六二年四月一日

1962.5.9

亲爱的孩子：

昨天收到你上月二十七自都灵（Torino）发的短信，感慨得很。艺术最需要静观默想，凝神壹志；现代生活偏偏把艺术弄得如此商业化，一方面经理人作为生财之道，把艺术家当作摇钱树式的机器，忙得不可开交，一方面把群众作为看杂耍或马戏班的单纯的好奇者。在这种混浊的洪流中打滚的，当然包括所有老辈小辈，有名无名的演奏家歌唱家。像你这样初出道的固然另有苦闷，便是久已打定天下的前辈也不免随波逐流，那就更可叹了。也许他们对艺术已经缺乏信心、热诚，仅仅作为维持已得名利的工具。年轻人想要保卫艺术的纯洁与清新，惟一的办法是减少演出；这却需要三个先决条件：（一）经理人剥削得不那么凶（这是要靠演奏家的年资积累，逐渐争取的），（二）个人的生活开支安排得极好，这要靠理财的本领与高度理性的控制，（三）减少出台不至于冷下去，使群众忘记你。我知道这都是极不容易做到的，一时也急不来。可是为了艺术的尊严，为了你艺术的前途，也就是为了你的长远利益和一生的理想，不能不把以上三个条件作为努力的目标。任何一门的艺术家，一生中都免不了有几次艺术难关（crisis），我们应当早做思想准备和实际安排。愈能保持身心平衡（那就决不能太忙乱），艺术难关也愈容易闯过去。希望你平时多从这方面高瞻远瞩，切勿被终年忙忙碌碌的漩涡弄得昏昏沉沉，就是说要对艺术生涯多从高处远处着眼；即使有许多实际困难，一时不能实现你的计划，但经常在脑子里思考成熟以后，遇到机会就能紧紧抓住。这一类的话恐怕将来我不在之后，再没有第二个人和你说；因为我自信对艺术的热爱与执着，在整个中国也不是很多人有的。

意大利怎么老是只有丢林一个地方邀请你？前年不是去过那儿么？罗马、米兰、佛罗伦萨等等还不曾有过接触么？提到洛桑（Lausanne）和日内瓦，莱芒湖与白峰的形象又宛然如在目前。一九二九年我在莱芒湖的另外一端，法瑞交界处的小村子“圣·扬高尔夫”住过三个多月；环湖游览了两次。有一回是和刘抗伯伯、刘海粟伯伯等同去的。

听过列巴蒂弹的*Barcarolle*［《船歌》］，很精彩；那味儿有些像*Prelude Op. 45*［《前奏曲》作品第四十五号］，想来你一定能胜任。

近来我正在经历一个艺术上的大难关，眼光比从前又高出许多（一九五七年前译的都已看不上眼），脑子却笨了许多，目力体力也不行，睡眠近十多天又不好了。大概是精神苦闷的影响。生就惶惶不安的性格，有什么办法呢？

五、六月演出节目望即告知。没有日程表在手头，好像和你的生活失去了联系。但愿不久会收到你较长的信！Much love！

爸爸　五月九日

卡波斯夫人那儿还去请教么？林先生的画她挑了哪一张？空下来还是听听她的意见为是。恩德是否住原处，也望告知！

上海今年阴雨连绵春寒不止：大好春光塌了一大半。近三天才放晴。

1962.6.16

亲爱的聪和弥拉：

十三日收到弥拉信，高兴万分，我们正怪她没有信呢！为了日常烧菜，弥拉煞费苦心。她要我教她烧菜的方法，太难了，光是纸上谈兵没用，烧中国菜一定得看了学。现在爸爸建议的办法，比较实际。不过我还想讲几只菜，比较容易的，你讲给她听，不妨试试。

（一）核桃鸡丁（炒鸡丁时还有其他佐料：如辣椒、笋等等均可）

成分：1. 鸡胸肉一杯 2. 核桃肉大半杯 3. 鸡蛋白一只 4. 菱粉一汤匙 5. 盐半茶匙 6. 汤汁或水二汤匙 7. 油半斤

做法：将鸡胸肉切成股子块（即豆子块），用菱粉、蛋白拌和，加盐少许，在多量之油中炸一过，即捞起；一面将核桃肉去皮（用开水泡之，皮即易去），也在油内炸一透，核桃炸至松脆即可。注意不可过火，否则焦苦不堪食矣。炸完倒去锅中余油，把鸡丁与核桃同时倒入锅中，加入水（或汤汁）及盐，炒和即成。

（二）贵妃鸡

成分：1. 鸡翼二对 2. 冬笋一只 3. 鸡腿二对 4. 冬菇四五只 5. 火腿数片 6. 洋葱半只 7. 辣酱二茶匙（或辣椒二三只） 8. 酱油一汤匙 9. 糖半汤匙

做法：将鸡翼每只斩成三段，鸡腿也斩成三四块，在油中爆过，即放入锅内，加入笋、冬菇、火腿及调味（即酱油、糖、辣酱、洋葱），加水盖满鸡面，用文火焖数小时（约二至三小时，看鸡的老嫩而定）即可（这个菜很方便，保证可试）。

其他如炒肉丝、炒肉片、炒肉末，只要有佐料如：小豌豆、笋片、笋丝、香菇、辣椒丝、番茄、卷心菜丝都可。烧法与炒鸡丁相同，不过炒肉类可放些酱油而已。炒菜时火要旺，一下即好，否则肉老了不好吃。希望你详细讲给弥拉听，不要怕烦，饮食亦是一乐也（将肉丝或肉片或肉末切好后，放入酱油、盐少许、菱粉拌和，然后在油内爆炒一下盛起，再放佐料，另外炒一炒，加入爆好的肉和在一起即成）。

妈妈　十六日

弥拉真会说话，把久不写信推为no inspiration［没有灵感］，说明如为了责任感而写，就会写得dull［无趣］，你看是不是伶牙俐齿？可是如果我一连三个月不动笔，你们是不是也要惶惶不安呢？

你也好久没谈音乐问题了，是否去南美前能给我一封长信呢？南美去哪几国？日程如何？此次录音成绩如何？

爸爸　六月十六日晚

1962.8.12

聪，亲爱的孩子：

很少这么久不给你写信的。从七月初起你忽而维也纳，忽而南美，行踪飘忽，恐去信落空。弥拉又说南美各处邮政很不可靠，故虽给了我许多通信处，也不想寄往那儿。七月二十九用七张风景片写成的信已于八月九日收到。委内瑞拉的城街，智利的河山，前年曾在外国杂志上见过彩色照相，来信所云，颇能想象一二。现代国家的发展太畸形了，尤其像南美那些落后的国家。一方面人民生活穷困，一方面物质的设备享用应有尽有。照我们的理想，当然先得消灭不平等，再来逐步提高。无奈现代史实告诉我们，革命比建设容易，消灭少数人所垄断的享受并不太难，提高多数人的生活却非三五年、八九年所能见效。尤其是精神文明，总是普及易，提高难；而在普及的阶段中往往降低原有的水准，连保持过去的高峰都难以办到。再加老年、中年、青年三代脱节，缺乏接班人，国内外沟通交流几乎停止，恐怕下一辈连什么叫标准，前人达到过怎样的高峰，眼前别人又到了怎样的高峰，都不大能知道；再要迎头赶上也就更谈不到了。这是前途的隐忧。过去十一二年中所造成的偏差与副作用，最近一年正想竭力扭转；可是十年种的果，已有积重难返之势；而中老年知识分子的意气消沉的情形，尚无改变迹象—— 当然不是从他们口头上，而是从实际行动上观察。人究竟是唯物的，没有相当的客观条件，单单指望知识界凭热情苦干，而且干出成绩来，也是不现实的。我所以能坚守阵地，耕种自己的小园子，也有我特殊优越的条件，不能责望于每个人。何况就以我来说，体力精力的衰退，已经给了我很大的限制，老是感到心有余而力不足！

前信你提到灌唱片问题，认为太机械。那是因为你习惯于流动性特大的艺术（音乐）之故，也是因为你的气质特别容易变化，情绪容易波动的缘故。文艺作品一朝完成，总是固定的东西：一幅画，一首诗，一部小说，哪有像音乐演奏那样能够每次予人以不同的感受？观众对绘画，读者对作品，固然每次可有不同的印象，那是在于作品的暗示与含蓄非一时一次所能体会，也在于观众与读者自身情绪的变化波动。唱片即使开十次二十次，听的人感觉也不会千篇一律，除非演奏太差太呆板；因为音乐的流动性那么强，所以听的人也不容易感到多听了会变成机械。何况唱片不仅有普及的效用，对演奏家自身的学习改进也有很大帮助。我认为主要是克服你在microphone［麦克风］前面的紧张，使你在灌片室中跟在台上的心情没有太大差别。再经过几次实习，相信你是做得到的。至于完美与生动的冲突，有时几乎不可避免；记得有些批评家就说过，perfection［完美］往往要牺牲一部分life［生动］。但这个弊病恐怕也在于演奏家属于cold［冷静］型。热烈的演奏往往难以perfect［完美］，万一perfect的时候，那就是incomparable［无可匹敌］了！

殷承宗在沪举行音乐会，看他在台上的举动很神经质，身子摇摆得很厉害。因而想起你也犯同样得毛病。固然，演奏家是要人听的，不是要人看的；但太多的摇摆容易分散听众的注意力；而且艺术是整体，弹琴的人姿势也得讲究，给人一个和谐的印象。国外的批评曾屡次提到你的摇摆，希望能多多克制。如果自己不注意，只会越摇越厉害，浪费体力也无必要。最好在台上给人的印象限于思想情绪的活动，而不是靠肉体帮助你的音乐。手之舞之，足之蹈之，只适用于通俗音乐。古典音乐全靠内在的心灵的表现，竭力避免外在的过火的动作，应当属于艺术修养范围之内，望深长思之。

敏回家度假，分配工作要九月中方见分晓。他只想回原校（外交学院）做助教，一则有进修机会，二则有假期。他也有了一个女友，外语学院大二修毕，常来我家玩儿，大家叫她小蓉。身量比妈妈略高寸许，二十一岁，很天真朴实，读书也聪明，肯用功，家里人都喜欢她。

此信预备寄往瑞士，由弥拉保存，到伦敦面交给你。过几天再写。

爸爸　八月十二日

这么大热天在各处演出，不劳累过度吗？今年你压根儿没有假期，我们老是为你不得充分休息而挂心！人不是铁打的，青壮年的精力也有限度，凡事总须有劳有逸；只有身心真正得到松弛，你的艺术才会relax［放松］。南美各处气候如何？我们常在互相问讯：现在他到了哪里啊？

1962.9.2

聪，亲爱的孩子：

上月初旬接哥伦比亚来信后杳无消息，你四处演出，席不暇暖固不必说；便是弥拉从离英前夕来一短简后迄今亦无只字。天各一方，儿媳异地，诚不胜飘篷之慨。南美气候是否酷热？日程紧张，当地一切不上轨道，不知途中得无劳累过度？我等在家无日不思，苦思之余惟有取出所灌唱片，反复开听，聊以自慰。上次收到贝多芬奏鸣曲，第一乐章结尾forte chord［强音和弦］截然中断，最后尚有一个chord［和弦］两拍子，竟被剪去，此种情形闻所未闻，此种唱片如何销售，真是大惑不解，来信从未提及，报刊评论亦未指出，更觉莫名其妙。曾去信公司询问，亦置不复。莫扎特协奏曲唱片，于七月十三日、八月十九日两次航挂信去公司催寄，仍无消息，且两次去信皆分寄出口经理及艺术经理，不料只字未复，怪甚怪甚！Op. 110［作品第一一〇号］最后乐章两次arioso dolente［哀伤的咏叹调］表情深浅不同，大有分寸，从最轻到最响十个chord［和弦］，以前从未有此印象，可证interpretation［演绎］对原作关系之大。Op. 109［作品第一〇九号］的许多变奏曲，过去亦不觉面目变化有如此之多。有一份评论说："At first hearing there seemed light-weight interpretations."［"第一次听的时候似乎处理得有点轻。"］light-weight指的是什么？你对Schnabel［施纳贝尔］灌的贝多芬现在有何意见？Kempff［肯普夫］近来新灌之贝多芬奏鸣曲，你又觉得如何？我都极想知道，望来信详告！七月份《音乐与音乐家》

杂志三十五页有书评，介绍Eva & Paul Badura-Skoda［伊娃及保罗·巴杜拉-斯科达］合著*Interpreting Mozart on the Keyboard*［《钢琴演绎莫扎特》］，你知道这本书吗？似乎值得一读，尤其你特别关心莫扎特。

听过你的唱片，更觉得贝多芬是部读不完的大书，他心灵的深度、广度的确代表了日耳曼民族在智力、感情、感觉方面的特点，也显出人格与意志的顽强，缥缈不可名状的幽思，上天下地的幻想，对人生的追求，不知其中有多少深奥的谜。贝多芬实在不仅仅是一个音乐家，无怪罗曼·罗兰要把歌德与贝多芬作为不仅是日耳曼民族并且是全人类的两个近代的高峰。

中国古画赝者居绝大多数，有时连老辈鉴赏家也不易辨别，不妨去大英博物馆，看看中国作品，特别是明代的，可与你所得唐寅，对照一下。你在南美买的唐六如册页，真伪恐有问题，是纸本抑绢本，水墨抑设色，望一一告知，最好拍照片（适当放大）寄来。以后遇有此种大名家的作品，最要小心提防，价高者尤不能随便肯定，若价不过昂，则发现问题后，尚可转让与人，不致太吃亏，我平时不收大名家，宁取“冷名头”，因冷名头不值钱，作假者少，但此等作品亦极难遇，最近看到黄宾虹的画亦有假的。

一转眼快中秋了，才从炎暑中透过气来，又要担心寒冬难耐了，去冬因炉子泄气，室内臭秽，只生了三十余日火，连华氏四十余度的天气也打熬过去了，手捧热水袋，脚拥汤婆子，照常工作，人生就在寒来暑往中老去！一个夏天挥汗做日课，精神勉强支持，惟脑子转动不来，处处对译文不满，苦闷不已。

前昨二夜听了李斯特的《第二钢琴协奏曲》（匈牙利钢琴家弹），《但丁奏鸣曲》《意大利巡礼集》第一首，以及Annie Fischer［安妮·费希尔］弹的*b min. Sonata*［《b小调奏鸣曲》］都不感兴趣。只觉得炫耀新奇，并无真情实感；浮而不实，没有深度，没有逻辑，不知是不是我的偏见？不过这一类风格，对现代的中国青年钢琴家也许倒正合适，我们创作的乐曲多多少少也有这种故意做作七拼八凑的味道。以作曲家而论，李斯特远不及舒曼和勃拉姆斯，你以为如何？

上月十三日有信寄瑞士，由弥拉回伦敦时面交，收到没有？在那封信中，我谈到对唱片的看法，主要不能因为音乐是流动的艺术，或者因为个人的气质多变，而忽视唱片的重要。在话筒面前的紧张并不难于克服。灌协奏曲时，指挥务必先经郑重考虑，早早与唱片公司谈妥。为了艺术，为了向群众负责，也为了唱片公司的利益，独奏者对合作的乐队与指挥，应当有特别的主张，有坚持的权利，望以后在此等地方勿太“好说话”！

想到你们俩的忙碌，不忍心要求多动笔，但除了在外演出，平时你们该反过来想一想：假定我们也住在伦敦，难道每两星期不得上你们家吃一顿饭，你们也得花费一两小时陪我们谈谈话吗？今既相隔万里，则每个月花两小时写封比较详细的信，不也应该而且比同在一地已经省掉你们很多时间吗？要是你们能常常做此想，就会多给我们一些消息了。

长期旅行演出后，务必好好休息，只会工作不会休息，也不是生活的艺术，而且对你本门的艺术，亦无好处！

爸爸　六二年九月二日

1962.9.23

亲爱的孩子：

你的笑话叫我们捧腹不置，可是当时你的确是窘极了的。南美人的性格真是不可思议，如此自由散漫的无政府状态，居然还能立国，社会不至于大乱，可谓奇迹。经历了这些怪事，今后无论何处遇到什么荒唐事儿都将见怪不怪，不以为奇了。也可见要人类合理的发展，社会一切上轨道，不知还得等几百年，甚至上千年呢。

还有，在那么美丽的自然环境中，人民也那么天真可爱，就是不能适应二十世纪的生活。究竟是这些人不宜于过现代生活呢，还是现代生活不适于他们？换句话说：人应当任情适性的过日子呢，还是要削足适履，迁就客观现实？有一点可以肯定：就是人在世界上活了几千年，还仍然没法按照自己的本性去设计一个社会。世界大同看来永远是个美丽的空想：既然不能在精神生活物质生活方面五大洲的人用同一步伐同一速度向前，那么先进与落后的冲突永远没法避免。试想二千三百年以前的希腊人如果生在今日，岂不一样搅得一团糟，哪儿还能创造出雅典那样的城市和雅典文明？反过来，假定今日的巴西人和其他的南美民族，生在文艺复兴前后，至少是生在闭关自守，没有被近代的工业革命侵入之前，安知他们不会创造出一种和他们的民族性同样天真可爱，与他们优美的自然界调和的文化？

巴尔扎克说过：“现在的政府，缺点是过分要人去适应社会，而不想叫社会去适应人。”这句话值得一切抱救世度人的理想的人深思！

前信已和你建议找个时期休息一下，无论在身心健康或艺术方面都有必要。你与我缺点相同：能张不能弛，能劳不能逸。可是你的艺术生活不比我的闲散，整月整年，天南地北的奔波，一方面体力精力消耗多，一方面所见所闻也需要静下来消化吸收—— 而这两者又都与你的艺术密切相关。何况你条件比我好，音乐会虽多，也有空隙可利用；随便哪个乡村待上三天五天也有莫大好处。听说你岳父岳母正在筹备于年底年初到巴伐里亚区阿尔卑斯山中休养，照样可以练琴。我觉得对你再好没有：去北美之前正该养精蓄锐。山中去住两三星期，一涤尘秽，便是寻常人也会得益。狄阿娜来信常常表示关心你，看来也是出于真情。岳父母想约你一同去山中的好意千万勿辜负了。望勿多所顾虑，早日打定主意，让我们和弥拉一起高兴高兴。真的，我体会得很清楚：不管你怎么说，弥拉始终十二分关怀你的健康和艺术。而我为了休息问题也不知向你提过多少回了，如果是口头说的话，早已舌敝唇焦了。你该知道我这个爸爸不仅是爱孩子，而且热爱艺术；爱你也就是为爱艺术，爱艺术也是为爱你！你千万别学我的样，你我年龄不同，在你的年纪，我也不像你现在足不出户。便是今日，只要物质条件可能，每逢春秋佳日，还是极喜欢徜徉于山巅水涯呢！

过几日打算寄你《中国文学发展史》《宋词选》《世说新语》。第一种是友人刘大杰旧作，经过几次修改的。先出第一册，以后续出当续寄。此书对古文字古典籍有概括叙述，也可补你常识之不足。特别是关于殷代的甲骨，《书经》《易经》的性质等等。《宋词选》的序文写得不错，作者胡云翼也是一位老先生了。大体与我的见解相近，尤其对苏、辛二家的看法，我也素来反对传统观点。不过论词的确有两个不同的角度，一是文学的，一是音乐的，两者各有见地。时至今日，宋元时唱词唱曲的技术皆已无考，则再从音乐角度去评论当日的词，也就变成无的放矢了。

另一方面，现代为歌曲填词的人却是对音乐太门外，全不知道讲究阴阳平仄，以致往往拗口；至于哪些音节可拖长，哪些字音太短促，不宜用做句子的结尾，更是无人注意了。本来现在人写散文就不知道讲究音节与节奏；而作歌词的人对写作技巧更是生疏。电台上播送中译的西洋歌剧的aria［咏叹调］，往往无法卒听。

《世说新语》久已想寄你一部，因找不到好版子，又想弄一部比较小型轻巧的，便于出门携带。今向友人索得一部是商务铅印，中国纸线装的，等妈妈换好封面，分册重订后即寄。我常常认为这部书可与希腊的《对话录》媲美，怪不得日本人历来作为枕中秘笈，作为床头常读的书。你小时念的国文，一小部分我即从此中取材。

拉杂写来，不觉太长了。往北欧去能随时寄些风景片来最好。

一切珍重！

爸爸　六二年九月二十三日

1962.10.20

亲爱的孩子：

十四日信发出后第二天即接瑞典来信，看了又高兴又激动，本想即复，因日常工作不便打断，延到今天方始提笔。这一回你答复了许多问题，尤其对舒曼的表达解除了我们的疑团。我既没亲耳听你演奏，即使听了也够不上判别是非好坏，只有从评论上略窥一二；评论正确与否完全不知道，便是怀疑人家说的不可靠，也没有别的方法得到真实报道。可见我不是把评论太当真，而是无法可想。现在听你自己分析，当然一切都弄明白了。以后还是跟我们多谈谈这一类的问题，让我们经常对你的艺术有所了解。

文章千古事，得失寸心知，哪一门艺术不如此！真懂是非、识得美丑的，普天之下能有几个？你对艺术上的客观真理很执着，对自己的成绩也能冷静检查，批评精神很强，我早已放心你不会误入歧途；可是单知道这些原则并不能了解你对个别作品的表达，我要多多探听这方面的情形：一方面是关切你，一方面也是关切整个音乐艺术，渴欲知道外面的趋向与潮流。

你常常梦见回来，我和你妈妈也常常有这种梦。除了骨肉的感情，跟乡土的千丝万缕割不断的关系，纯粹出于人类的本能之外，还有一点是真正的知识分子所独有的，就是对祖国文化的热爱。不单是风俗习惯、文学艺术，使我们离不开祖国，便是对大大小小的事情的看法和反应，也随时使身处异乡的人有孤独寂寞之感。但愿早晚能看到你在我们身边！

你心情的复杂矛盾，我敢说都体会到，可是一时也无法帮你解决。原则和具体的矛盾，理想和实际的矛盾，生活环境和艺术前途的矛盾，东方人和西方人根本气质的矛盾，还有我们自己内心的许许多多矛盾……如何统一起来呢？何况旧矛盾解决了，又有新矛盾，循环不已，短短一生就在这过程中消磨！幸而你我都有工作寄托，工作上的无数的小矛盾，往往把人生中的大矛盾暂时遮盖了，使我们还有喘息的机会。

至于"认真"受人尊重或被人讪笑的问题，事实上并不像你说的那么简单。一切要靠资历与工作成绩的积累。即使在你认为更合理的社会中，认真而受到重视的实例也很少；反之在乌烟瘴气的场合，正义与真理得胜的事情也未始没有。你该记得一九五六至一九五七年间毛主席说过党员若欲坚持真理，必须准备经受折磨等等的话，可见他把事情看得多透彻多深刻。再回想一下罗曼·罗兰写的《名人传》和《约翰·克利斯朵夫》，执着真理一方面要看客观的环境，一方面更在于主观的斗争精神。客观环境较好，个人为斗争付出的代价就比较小，并非完全不要付代价。以我而论，侥幸的是青壮年时代还在五四运动的精神没有消亡，而另一股更进步的力量正在兴起的时期，并且我国解放前的文艺界和出版界还没有被资本主义腐蚀到不可救药的地步。反过来，一百三十年前的法国文坛、报界、出版界，早已腐败得出于我们意想之外；但法国学术至今尚未完全死亡，至今还有一些认真严肃的学者在钻研：这岂不证明便是在恶劣的形势之下，有骨头，有勇气，能坚持的人，仍旧能撑持下来吗？

在瑞典重弹勃拉姆斯《第一钢琴协奏曲》，成绩怎么样？

国内年成今年比去年好，粮食略有好转（但北方学校还是细粮少），副食品如鱼肉蔬菜也比以前供应多了一些。

冬天能去巴伐利亚最好，在那种环境中即使不完全休息，也于身心有益。

不多写了。一切珍重！

爸爸　六二年十月二十日

1962.11.25

聪，亲爱的孩子：

又是一个多月不给你信了。上月十三日寄你书一包，收到没有？《中国文学史》待下册出版后连中册一同寄。上册妈妈已看完，正在看中册。

近来身体又不大好，头痛常常复发。本来只嫌时间不够，如今即有时间，亦无精力。本月初旬开了几天夜班，眼睛大花，连杂志封面上的大字也摇摇晃晃浮动起来，只得休息四日，真是得不偿失。一到晚上即流泪水，呵欠不断，非小睡半小时以上不可。年纪不大，衰老至此，要做的事一大堆，要看的书许许多多，力不从心，想想也着急。

敏尚在京等待分配，回母校当助教已不可能，就是说一边工作一边跟专家进修的机会没有了。大概在北京当中学教员，单位尚未定。他心情波动，再加女友身体坏极，又多了一个包袱。我们当然去信劝慰。青年人初出校门，未经锻炼，经不起挫折。过去的思想训练，未受实际生活陶冶，仍是空的。从小的家庭环境使他重是非，处处认真，倒是害苦了他。在这个年纪上还不懂现实与理想的距离，即使理性上认识到，也未能心甘情愿的接受。只好等社会教育慢慢的再磨炼他。

国内生产情况大有好转，供应多起来了，水果也有了，鱼肉也容易买了，虽然价钱贵，比没有总好得多。

弥拉动过手术后，健康有无影响？她身体单薄，望处处多体谅些。最好经常提醒自己：做你妻子也实在不容易—— 她是否仍替你驾驶小车？还是根本已不用车了？

杰老师处不能久不去信，他已是七十开外的人了，为日无多，做弟子的应当多给他一些安慰和温暖。

今天还有许多额外的事要做，不多写了。星期日也忙得不能休息，不免抱怨；真正空下来也要感到无聊难受，人就是这样矛盾。一切保重！

爸爸　十一月二十五日

本月初弥拉信中谈到理想主义者不会快乐，艺术家看事情与一般人大大不同等等，足见她对人生有了更深的了解。我们很高兴。可见结婚两年，她进步了不少，人总要到婚后才成熟。

1962.12.30

亲爱的孩子：

在德国写在巴黎寄的信，收到已有半月，因不知你有没有去巴伐利亚度假，又不知那边的地址，故迟至今日方始动笔。

你的食物包十二月中旬到后又要付税了，你的姓名地址全写上了，可是海关又有别的理由提出来。统战部对我非常照顾，但海关看法有所不同，且办法常常变动，又无明确条文可资遵循，叫人很为难。以后大概只能少量的东西免税，多了就得照付，药品则须一律上税。而寄件人姓名仍不能漏写，否则不管少量食物也不能免付关税。

你本说要送敏打字机，他任教以后，确有需要；但新机进口，据向各方了解，海关估价少则三百元，多则四百元，以百分之六十的税率计，要付一百八十至二百四十元左右，太花钱了。不如由你汇款来，我们在上海买八九成新的，大约一百六七十元即够。在你不过花二十五镑上下，我们则省了一大笔税款。你若手头方便，可于见信后即汇二十五镑来。若不方便，则等你四月回来后再说。

来信提到音乐批评，看了很感慨。一个人只能求一个问心无愧。世界大局，文化趋势，都很不妙。看到一些所谓抽象派的绘画、雕塑的图片，简直可怕。我认为这种“艺术家”大概可以分为两种，一种是极少数病态的人，真正以为自己在创造一种反映时代的新艺术，以为抽象也是现实；一种——绝大多数，则完全利用少数腐烂的资产阶级为时髦的snobbish［势利眼］，卖野人头，欺哄人，当作生意经。总而言之，是二十世纪愈来愈没落的病象。另一方面，不学无术的批评界也泯灭了良心，甘心做资产阶级的清客，真是无耻之尤。

我近来身体不能说坏，就是精力不行。除了每天日课（七八小时）之外，晚上再想看书，就眼力不济，簌落落的直掉眼泪，有时还会莫名其妙的头痛几小时。应看想看的东西一大堆，只苦无力应付。打杂的事也不少，自已译稿，出版社寄来要校对，校对也不止一次；各方函件酬答，朋友上门谈天，都是费时费力的。一九五八年以后译的三种巴尔扎克，最近出了一种（《搅水女人》）；《艺术哲学》二月中可出。

手头的《幻灭》—— 三部曲已译完二部，共三十四万字，连准备工作足足花了一年半。最后一部十四万字，大概四五月底可完成。再加修改、誊清，预计要秋天方可全部交稿。

访美演出除以前弥拉所告日程外，是否又有新的音乐会加入？

暂时带住，一切保重！

爸爸　一九六二年十二月三十日

一九六三年

傅雷潜心修订《高老头》译作，并撰写《译者序》共十一页，然而译序在十年浩劫中遗失了。

1963.3.17

聪，亲爱的孩子：

两个多月没给你提笔了，知道你行踪无定，东奔西走，我们的信未必收到，收到也无心细看。去纽约途中以及在新墨西哥发的信均先后接读；你那股理想主义的热情着实可惊，相形之下，我真是老朽了。一年来心如死水，只有对自己的工作还是一个劲儿死干；对文学艺术的热爱并未稍减，只是常有一种“废然而返”“怅然若失”的心情。也许是中国人气质太重，尤其是所谓“洒脱”与“超然物外”的消极精神影响了我，也许是童年的阴影与家庭历史的惨痛经验无形中在我心坎里扎了根，年纪越大越容易人格分化，好像不时会置身于另外一个星球来看尘世，也好像自己随时随地会失去知觉，化为物质的元素。天文与地质的宇宙观常常盘踞在我脑子里，像服尔德某些短篇所写的那种境界，使我对现实多多少少带着detached［超然］的态度。可是在工作上，日常生活上，斤斤较量的认真还是老样子，正好和上述的心情相反——可以说人格分化；说不定习惯成了天性，而自己的天性又本来和理智冲突。intellectually［理智上］我是纯粹东方人，emotionally & instinctively［感情及天性］又是极像西方人。其实也仍然是我们固有的两种人生观：一种是四大皆空的看法，一种是知其不可为而为之的精神。或许人从青少年到壮年到老年，基本上就是从积极到消极的一个过程，只是有的人表现得明显一些，有的人不明显一些。自然界的生物也逃不出这个规律。你将近三十，正是年富力强的时候，好比暮春时节，自应蓬蓬勃勃往发荣滋长的路上趱奔。最近两信的乐观与积极气息，多少也给我一些刺激，接信当天着实兴奋了一下。你的中国人的自豪感使我为你自豪，你善于赏识别的民族与广大人民的优点使我感到宽慰。惟有民族自豪与赏识别人两者结合起来，才不致沦为狭窄的沙文主义，在个人也不致陷于自大狂自溺狂，而且这是爱国主义与国际主义真正的交融。我们的领导对国际形势是看得很清楚的，从未说过美国有爆发国内革命的可能性的话，你前信所云或许是外国记者的揣测和不正确的引申。我们的问题，我觉得主要在于如何建设社会主义，如何在生产关系改变之后发挥个人的积极性，如何从实践上、物质成就上显示我们制度的优越性，如何使口头上的“红”化为事业上的“红”，如何防止集体主义不被官僚主义拖后腿，如何提高上上下下干部的领导水平，如何做到实事求是，如何普及文化而不是降低，如何培养与爱护下一代……

来信未提何时回英，猜想此信到时，你一定回伦敦了—— 林先生的画到底送了勃隆斯丹没有？若送了可汇二十三镑（合人民币一百五十元）来。一切保重！

爸爸　六三年三月十七日

我的工作愈来愈吃力。初译稿每天译千字上下，第二次修改（初稿誊清后），一天也只能改三千余字，几等重译。而改来改去还是不满意（线条太硬，棱角凸出，色彩太单调等等）。改稿誊清后（即第三稿）还得改一次。等到书印出了，看看仍有不少毛病。这些情形大致和你对待灌唱片差不多。可是我已到了日暮途穷的阶段，能力只有衰退，不可能再进步；不比你尽管对自己不满，始终在提高。想到这点，我真艳羡你不置。近来我情绪不高，大概与我对工作不满有关。前五年译的书正在陆续出版。不久即寄《都尔的本堂神甫—— 比哀兰德》。还有《赛查·皮罗多盛衰记》，约四五月出版。此书于一九五八年春天完成，偏偏最后出世。《艺术哲学》已先寄你了。巴尔扎克各书，我特意寄平装的，怕你要出门时带在身边，平装较方便。《高老头》《贝姨》《邦斯舅舅》《欧也妮·葛朗台》四种都在重印，你若需要补哪一种，望速告知（书一出来，十天八天即销完）。你把cynic［愤世嫉俗］写成scinic；naiveness没有这个字，应作naivety［天真烂漫］。

爸爸　又及

1963.6.2

聪，亲爱的孩子：

五月份拖泥带水，病病歪歪的过去了。先是伤风，而后是咳嗽不已，引起抽筋，腰椎关节炎复发，晚上不能安睡，苦不堪言。也先后服了不少中药西药，用了喷雾等等治疗，目前总算结束了。中间工作停了十天。吴伯伯（一峰）竭力劝我检查身体，前十天便去华东医院做了心电图，验血，拍肺部及腰椎胸椎的X光片子。结果是血沉太快，血压增高；腰胸椎是数十年前老毛病（当时并未觉得）发展出来的，成为“类风湿性关节炎”，情形不太严重，不需治疗，而我也早知此病中西医药都无办法；骨科医生只是要我注意休息，勿久坐久立。

你最近在伦敦的两场音乐会，要不是弥拉来信说明，我们几乎不明白真相。《曼彻斯特导报》的评论似乎有些分析，我是外行，不知其中可有几分说得对的？既然批评界敌意持续至一年之久，还是多分析分析自己，再多问问客观、中立、有高度音乐水平的人的意见。我知道你自我批评很强，但外界的敌意仍应当使我们对自己提高警惕：也许有些不自觉的毛病，自己和相熟的朋友们不曾看出。多探讨一下没有害处。若真正是批评界存心作对，当然不必介意。历史上受莫名其妙指摘的人不知有多少，连伽利略、服尔德、巴尔扎克辈都不免，何况区区我辈！主要还是以君子之心度人，作为借鉴之助，对自己只有好处。老话说得好：是非自有公论，日子久了自然会黑白分明！

柏辽兹的唱片已经收到，虽是另一种风格，柏辽兹的独特的口吻

（旋律与和声）还是一听就知道。

扬州拍的照片成绩不佳，冲洗时又被他们丢了七八张；姑且寄四张。

敏的打字机已替他买了带京，七成新的，用用还可以，人民币一百八十元，约合二十七镑。他来信要我谢谢你。

弥拉来信描写那个老年乐队，妙不可言，她写信写得很生动有趣，我和妈妈都喜欢看。妈妈虽不能随随便便写英文，看信照样能领会妙处。

今天人疲倦，不多写了，问弥拉好，要她注意身体健康，告诉她过十天八天给她写信。

一切保重，多多休息！

爸爸　六三年六月二日晚

1963.7.22

亲爱的孩子：

五十多天不写信了。千言万语，无从下笔；老不写信又心神不安，真是矛盾百出。我和妈妈常常梦见你们，声音笑貌都逼真。梦后总想写信，也写过好几次没写成。我知道你的心情也波动得很。有理想就有苦闷，不随波逐流就到处龃龉。可是能想到易地则皆然，或许会平静一些。生年不满百，常怀千岁忧：此二语可为你我写照。两个多月没有你们消息，但愿身心健康，勿过紧张。你俩体格都不很强壮，平时总要善自保养。劳逸调剂得好，才是久长之计。我们别的不担心，只怕你工作过度，连带弥拉也吃不消。任何耽溺都有流弊，为了耽溺艺术而牺牲人生也不是明智的！

六月下旬起我的许多老毛病次第平复，目前仅过敏性鼻炎纠缠不休。关节炎根本是治不好的，气候一变或劳顿过度即会复发。也只能过一天算一天，只要发作时不太剧烈以妨碍工作，就是上上大吉。

最近大事想必关切，苏共会如此对待我们，实出意外，言之可慨可痛！你岳家每逢端午、中秋、春节仍由香港寄食物来，作为节礼，却之不恭，见面时千万代为道谢。并望告诉他们现在情况好转，也不需友朋接济了。一切珍重！

爸爸　七月二十二日

亲爱的聪、弥拉：

近来时常梦见你们，可见悬念之深，照理也该有你们的信了。

我的身体今年比去年好，浮肿情形好转，主要还是休息得透，能少出去就耽在家里，性情随和，就心平不急躁，日子就容易打发了。

敏快回家，我的心早已快活得计算他到的日期了。已经在打算怎样让他过好暑假，为娘的只要看到孩子高兴，吃得好，睡得熟，好像自己身上多长一块肉，说不出的心花怒放呢！

两个月不见你们来信，牵肠挂肚，总是放不开。若有照片多多寄下，聊以安慰。

人口虽少，但素来喜静恶闹，生活更觉恬淡舒服。希望你们度假身心快乐！

妈妈　七月二十二日

1963.10.14

亲爱的孩子：

你赫辛斯基来信和弥拉伦敦来信都收到。原来她瑞士写过一信，遗失了。她写起长信来可真有意思：报告意大利之行又详细又生动。从此想你对意大利绘画，尤其威尼斯派，领会得一定更深切。瑞士和意大利的湖泊都在高原上，真正是山高水深，非他处所及。再加人工修饰，古迹林立，令人缅怀以往，更加徘徊不忍去。我们的名胜最吃亏的是建筑：先是砖木结构，抵抗不了天灾人祸、风雨侵蚀；其次，建筑也是中国艺术中比较落后的一门。

接弥拉信后，我大查字典，大翻地图和旅行指南。一九三一年去罗马时曾买了一本《蓝色导游》（*Guide Blue*）中的《意大利》，厚厚一小册，五百多面，好比一部字典。这是法国最完全最详细的指南，包括各国各大城市（每国都是一厚册），竟是一部旅行丛书。你们去过的几口湖，Maggiore，Lugarno，Como，Iseo，Garda［马焦雷湖，卢加诺湖，科摩湖，伊塞奥湖，加尔达湖］，你们歇宿的Stresa［斯特雷萨］和Bellagio［贝拉焦］都在图上找到了，并且每个湖各有详图。我们翻了一遍，好比跟着你们“神游”了一次。弥拉一路驾驶，到底是险峻的山路，又常常摸黑，真是多亏她了，不知驾的是不是你们自己的车，还是租的？

此刻江南也已转入暮秋，桂花已谢，菊花即将开放。想不到伦敦已是风啊雨啊雾啊，如此沉闷！我很想下月初去天目山（浙西）赏玩秋色，届时能否如愿，不得而知。一九四八年十一月曾和仑布伯伯同去东西天目，秋色斑斓，江山如锦绣，十余年来常在梦寐中。

《高老头》已改讫，译序也写好寄出。如今写序要有批判，极难下笔。我写了一星期，几乎弄得废寝忘食，紧张得不得了。至于译文，改来改去，总觉得能力已经到了顶，多数不满意的地方明知还可修改，却都无法胜任，受了我个人文笔的限制。这四五年来愈来愈清楚的感觉到自己的limit［局限性］，仿佛一道不可超越的鸿沟。

本月十三日至二十日间你在瑞典轮空一星期，不知如何消遣？回去又太费钱，留在北欧又是太寂寞，是不是？

妈妈身体很健康，我仍是小病不断，最近重伤风，咳嗽又拖了半个多月，迄今未愈。敏也是忙得不可开交。九月二十五日寄出书一包（《中国文学发展史》三册寄齐了），另外一匣扬州特产（绒制禽鸟）给弥拉玩儿，送送小朋友。一切珍重！

爸爸　六三年十月十四日

1963.11.3

亲爱的孩子：

最近一信使我看了多么兴奋，不知你是否想象得到？真诚而努力的艺术家每隔几年必然会经过一次脱胎换骨，达到一个新的高峰。能够从纯粹的感觉（sensation）转化到观念（idea）当然是迈进一大步，这一步也不是每个艺术家所能办到的，因为同各人的性情气质有关。不过到了观念世界也该提防一个pitfall［陷阱］：在精神上能跟踪你的人越来越少的时候，难免钻牛角尖，走上太抽象的路，和群众脱离。哗众取宠（就是一味用新奇唬人）和取媚庸俗固然都要不得，太沉醉于自己的理想也有它的危险。我这话不大说得清楚，只是具体的例子也可以作为我们的警戒。里赫特某些演奏某些理解很能说明问题。归根结底，仍然是“出”和“入”的老话。高远绝俗而不失人间性人情味，才不会叫人感到cold［冷淡］。像你说的“一切都远了，同时一切也都近了”，正是莫扎特晚年和舒伯特的作品达到的境界。古往今来的最优秀的中国人多半是这个气息，尽管sublime［崇高］，可不是mystic［神秘］（西方式的）；尽管超脱，仍是warm，intimate，human［温暖，亲密，有人情味］到极点！你不但深切了解这些，你的性格也有这种倾向，那就是你的艺术的safeguard［保障］。基本上我对你的信心始终如一，以上有些话不过是随便提到，作为“闻者足戒”的提示罢了。

我和妈妈特别高兴的是你身体居然不摇摆了：这不仅是给听众的印象问题，也是一个对待艺术的态度，掌握自己的感情，控制表现，能入能出的问题，也具体证明你能化为一个idea［观念］，而超过了被音乐带着跑，变得不由自主的阶段。只有感情净化，人格升华，从dramatic［戏剧性］进到contemplative［沉思］的时候，才能做到。可见这样一个细节也不是单靠注意所能解决的，修养到家了，自会迎刃而解。（胸中的感受不能完全在手上表达出来，自然会身体摇摆，好像无意识的要“手舞足蹈”的帮助表达。我这个分析你说对不对？）

相形之下，我却是愈来愈不行了。也说不出是退步呢，还是本来能力有限，以前对自己的缺点不像现在这样感觉清楚。越是对原作体会深刻，越是欣赏原文的美妙，越觉得心长力绌，越觉得译文远远的传达不出原作的神韵。返工的次数愈来愈多，时间也花得愈来愈多，结果却总是不满意。时时刻刻看到自己的limit［局限］，运用脑子的limit，措辞造句的limit，先天的limit——例如句子的转弯抹角太生硬，色彩单调，说理强而描绘弱，处处都和我性格的缺陷与偏差有关。自然，我并不因此灰心，照样“知其不可为而为之”，不过要心情愉快也很难了。工作有成绩才是最大的快乐：这一点你我都一样。

另外有一点是肯定的，就是西方人的思想方式同我们距离太大了。不做翻译工作的人恐怕不会体会到这么深切。他们刻画心理和描写感情的时候，有些曲折和细腻的地方，复杂繁琐，简直与我们格格不入。我们对人生琐事往往有许多是认为不值一提而省略的，有许多只是罗列事实而不加分析的，如果要写情就用诗人的态度来写；西方作家却多半用科学家的态度，历史学家的态度（特别巴尔扎克），像解剖昆虫一般。译的人固然懂得了，也感觉到它的特色、妙处，可是要叫思想方式完全不一样的读者领会就难了。思想方式反映整个的人生观、宇宙观和几千年文化的发展，怎能一下子就能和另一民族的思想沟通呢？你很幸运，音乐不像语言的局限性那么大，你还是用音符表达前人的音符，不是用另一种语言文字，另一种逻辑。

真了解西方的东方人，真了解东方的西方人，不是没有，只是稀如星凤。对自己的文化遗产彻底消化的人，文化遗产决不会变成包袱，反而养成一种无所不包的胸襟，既明白本民族的长处短处，也明白别的民族的长处短处，进一步会截长补短，吸收新鲜的养料。任何孤独都不怕，只怕文化的孤独，精神思想的孤独。你前信所谓孤独，大概也是指这一点吧？

尽管我们隔得这么远，彼此的心始终在一起，我从来不觉得和你有什么精神上的隔阂。父子两代之间能如此也不容易：我为此很快慰。

爸爸　六三年十一月三日

一九六四年

傅聪及弥拉之子出生，傅雷夫妇为之激动欣喜，赠名“傅凌霄”，取“高翔”之意。同年傅雷完成巴尔扎克《幻灭》三部曲译作。

1964.3.1

亲爱的孩子：

弥拉的信比你从加拿大发的早到四天。我们听到喜讯，都说不出的快乐，妈妈更是坐也不是，立也不是，兴奋几日。她母性强，抱孙心切，已经盼望很久了，常说：怎么聪还没有孩子呢？每次长时期不接弥拉来信，总疑心她有了喜不舒服。我却是担心加重你的负担，也怕你们俩不得自由：总之，同样的爱儿女，不过看问题的角度不同而已。有责任感的人遇到这等大事都不免一则以喜，一则以忧。可是结婚的时候早知道有这么一天，也不必临时慌张。回想三十年前你初出世的一刹那，在医院的产妇科外听见你妈妈呻吟，有一种说不出的“肃然”的感觉，仿佛从那时起才真正体会到做母亲的艰苦与伟大，同时感到自己在人生中又迈了一大步。一个人的成长往往是不自觉的，但你母亲生你的时节，我对自己的长成却是清清楚楚意识到的，至今忘不了。相信你和弥拉到时也都会有类似的经验。

有了孩子，父母双方为了爱孩子，难免不生出许多零星琐碎的争执，应当事先彼此谈谈，让你们俩都有个思想准备：既不要在小地方固执，也不必为了难免的小争执而闹脾气。还有母性特强的妻子，往往会引起丈夫的妒忌，似乎一有孩子，自己在妻子心中的地位缩小了很多—— 这一点不能不先提醒你。因为大多数的西方女子，母性比东方女子表现得更强—— 我说“表现”，因为东方人的母爱，正如别的感情一样，不像西方女子那么显著的形诸于外。但过分的形诸于外，就容易惹动丈夫的妒意。

在经济方面，与其为了孩子将临而忧虑，不如切实想办法，好好安排一下。衣、食、住、行的固定开支，每月要多少，零用要多少，以量入为出的原则全面做一个计划，然后严格执行。大多数人的经验，总是零用不易掌握，最需要克制功夫。遇到每一笔非生活必需开支，都得冷静的想一想，是否确实必不可少。我平时看到书画、文物、小玩艺（连价钱稍昂的图书在内），从不敢当场就买，总是左思右想，横考虑竖考虑，还要和妈妈商量再决定；很多就此打消了。凡是小玩艺儿一类，过了十天八天，欲望自然会淡下来的。即使与你研究学问有关的东西，也得考虑一下是否必需，例如唱片，少买几张也未必妨碍你艺术上的进步。只有每一次掏出钱去的时候，都经过一番客观的思索，才能贯彻预算，做到收支平衡而还能有些小小的储蓄。我们在最困难的时候，曾经把每月的每一笔开支，分别装在信封内，写明“伙食”“水电”“图书”等等；一个信封内的钱用完了，决不挪用别的信封内的钱，更不提前用下个月的钱。现在查看账目，便是那几年花费最少。我们此刻还经常检查账目，看上个月哪几样用途是可用不可用的，使我们在本月和以后的几个月内注意节约。我不是要你如法炮制，而是举实例给你看，我们是用什么方法控制开销的。

“理财”，若作为“生财”解，固是一件难事，作为“不亏空而略有储蓄”解，却也容易做到。只要有意志，有决心，不跟自己妥协，有狠心压制自己的fancy［爱好］！老话说得好：开源不如节流。我们的欲望无穷，所谓“欲壑难填”，若一手来一手去，有多少用多少，即使日进斗金也不会觉得宽裕的。既然要保持清白，保持人格独立，又要养家活口，防旦夕祸福，更只有自己紧缩，将“出口”的关口牢牢把住。“入口”操在人家手中，你不能也不愿奴颜婢膝的乞求；“出口”却完全操诸我手，由我做主。你该记得中国古代的所谓清流，有傲骨的人，都是自甘淡泊的清贫之士。清贫二字为何连在一起，值得我们深思。我的理解是，清则贫，亦惟贫而后能清！我不是要你“贫”，仅仅是约制自己的欲望，做到量入为出，不能说要求太高吧！这些道理你全明白，无须我啰嗦，问题是在于实践。你在艺术上想得到，做得到，所以成功；倘在人生大小事务上也能说能行，只要及到你艺术方面的一半，你的生活烦虑也就十分中去了八分。古往今来，艺术家多半不会生活，这不是他们的光荣，而是他们的失败。失败的原因并非真的对现实生活太笨拙，而是不去注意，不下决心。因为我所谓“会生活”不是指发财、剥削人或是啬刻，做守财奴，而是指生活有条理，收支相抵而略有剩余。要做到这两点，只消把对付艺术的注意力和决心拿出一小部分来应用一下就绰乎有余了！

我们朋友中颇有收入很少而生活并不太坏的，对外也不显得鄙吝或寒酸：你周围想必也有这种人，你观察观察学学他们，岂不是好？而且他们除了处处多讲理性，善于克制以外，也并无别的诀窍。

记得六〇年你们初婚时，我就和你们俩提过这些，如今你为了孩子而担心到经济，我不能不旧话重提，希望你别以为我老悖而烦琐！——就算烦琐，也为了爱你，是不是？

至于弥拉，记得你结婚以前有过培养的意思，即使结果与你的理想仍有距离（哪个人的理想能与现实一致呢？）也不能说三年来没有成绩。首先，你近两年来信中不止一次的提到，你和她的感情融洽多了；证明你们互相的了解是在增进，不是停滞。这便是夫妇之爱最重要的基础。其次，她对我们的感情，即使在海外娶的中国媳妇，也未必及得上她。很多朋友的儿子在外结婚多年，媳妇（还是中国人）仍像外人一般，也难得写信，哪像弥拉和我们这么亲切！最后，她对孩子的教育

（最近已和我们谈了），明明是接受了你的理想。她本人也想学中文，不论将来效果如何，总是“其志可嘉”。对中国文化的仰慕爱好，间接表示她对你的赏识。固然她很多孩子气，许多地方还不成熟，但孩子气的优点是天真无邪。她对你的艺术的理解与感受，恐怕在西方女子中也不一定很多。她至少不是冒充风雅的时髦女子，她对艺术的态度是真诚的。五九年八月以前的弥拉和六四年一月的弥拉，有多少差别，只有你衡量得出。我相信你对她做的工作并没有白费。就算是她走得慢一些，至少在跟着你前进。

再说，做一个艺术家的妻子，本来很难，做你的妻子，尤其不容易。一般的艺术家都少不了仆仆风尘。可不见得像你我这样喜欢闭户不出，过修院生活。这是西方女子很难适应的。而经常奔波，视家庭如传舍（即驿站、逆旅）的方式，也需要Penelope［潘奈洛佩］对待Ulysses［尤利西斯］那样坚贞的耐性才行——要是在这些方面，弥拉多少已经习惯，便是很大的成功，值得你高兴的了。我们还得有自知之明：你脾气和我一样不好，即使略好，也不过五十步与百步。想到这个，夫妇之间的小小争执，也许责任是一半一半，也许我这方面还要多担一些责任——我国虽然有过五四运动，新女性运动（一九二〇年前后），夫权还是比西方重，西方妇女可不容易接受这一点。我特别提出，希望你注意。至于持家之道，你也不能以身作则的训练人家；你自己行事就很难做到有规矩有条理，经常旅行也使你有很大困难：只能两人同时学习，多多商量。我相信你们俩在相忍相让上面已经有不少成就。只是艺术家的心情容易波动，常有些莫名其妙的骚扰、烦闷、苦恼，影响家庭生活。平时不妨多冷静的想到这些，免得为了小龃龉而动摇根本。你信中的话，我们并不太当真。两个年轻人相处，本来要摸索多年。我以上的话，你思想中大半都有，我不过像在舞台上作一番“提示”工作。特别想提醒你的是信念，对两人的前途的信念。若存了“将来讲究如何，不得而知”的心，对方早晚体会得到，那就动了根本，一切不好办了。往往会无事变小事，小事变大事；反之，信念坚定，就会大事化小，小事化无。再过一二十年，你们回顾三十岁前后的生活，想起两人之间的无数小争执，定会哑然失笑。你不是说你已经会把事情推远去看么？这便是一个实例。预先体会十年二十年以后的感想，往往能够使人把眼前的艰苦看淡。

总之，你的生活艺术固然不及你的音乐艺术，可也不是没有进步，没有收获。安德烈·莫洛阿说过：夫妇之间往往是智力较差，意志较弱的一个把较高较强的一个往下拉，很少较高较强的一个能把较差较弱的对方往上提。三年来你至少是把她往上提，这也足以使你感到安慰了。

像我们这种人，从来不以恋爱为至上，不以家庭为至上，而是把艺术、学问放在第一位，作为人生目标的人，对物质方面的烦恼还是容易摆脱的，可是为了免得后顾之忧，更好的从事艺术与学问，也不能不好好的安排物质生活；光是瞧不起金钱，一切取消极态度，早晚要影响你的人生最高目标—— 艺术的！希望克日下决心，在这方面采取行动！一切保重！

爸爸　六四年三月一日

1964.4.12

亲爱的孩子：

你从北美回来后还没来过信，不知心情如何？写信的确要有适当的心情，我也常有此感。弥拉去迈阿密后，你一日三餐如何解决？生怕你练琴出了神，又怕出门麻烦，只吃咖啡面包了事，那可不是日常生活之道。尤其你工作消耗多，切勿饮食太随便，营养（有规律进食）毕竟是要紧的。你行踪无定，即使在伦敦，琴声不断，房间又隔音，挂号信送上门，打铃很可能听不见，故此信由你岳父家转，免得第三次退回。瑞士的tour［游历］想必满意，地方既好，气候也好，乐队又是老搭档，瑞士人也喜爱莫扎特，效果一定不坏吧？六月南美之行，必有巴西在内；近来那边时局突变，是否有问题，出发前务须考虑周到，多问问新闻界的朋友，同伦敦的代理人多商量商量，不要临时找麻烦，切记切记！三月十五日前后欧美大风雪，我们看到新闻也代你担忧，幸而那时不是你飞渡大西洋的时候。此间连续几星期春寒春雨，从早到晚，阴沉沉的，我老眼昏花，只能常在灯下工作。天气如此，人也特别闷塞，别说郊外踏青，便是跑跑书店古董店也不成。即使风和日暖，也舍不得离开书桌。要做的事、要读的书实在太多了，不能怪我吝惜光阴。从二十五岁至四十岁，我浪费了多少宝贵的时日！

近几月老是研究巴尔扎克，他的一部分哲学味特别浓的小说，在西方公认为极重要，我却花了很大的劲才勉强读完，也花了很大的耐性读了几部研究这些作品的论著。总觉得神秘气息玄学气息不容易接受，至多是了解而已，谈不上欣赏和共鸣。

中国人不是不讲形而上学，但不像西方人抽象，而往往用诗化的意境把形而上学的理论说得很空灵，真正的意义固然不易捉摸，却不至于像西方形而上学那么枯燥，也没那种刻舟求剑的宗教味儿叫人厌烦。西方人对万有的本原，无论如何要归结到一个神，所谓God［神］，似乎除了God，不能解释宇宙，不能说明人生，所以非肯定一个造物主不可。好在谁也提不出证明God是没有的，只好由他们去说；可是他们的正面论证也牵强得很，没有说服力。他们首先肯定人生必有意义，灵魂必然不死，从此推论下去，就归纳出一个有计划有意志的神！可是为什么人生必有意义呢？灵魂必然不死呢？他们认为这是不辩自明之理，我认为欧洲人比我们更骄傲，更狂妄，更ambitious［有野心］，把人这个生物看做天下第一，所以千方百计要造出一套哲学和形而上学来，证明这个“人为万物之灵”的看法，仿佛我们真是负有神的使命，执行神的意志一般。

在我个人看来，这都是vanity［虚荣心］作祟。东方的哲学家玄学家要比他们谦虚得多。除了程朱一派理学家dogmatic［武断］很厉害之外，别人就是讲什么阴阳太极，也不像西方人讲God那么绝对，凿凿有据，咄咄逼人，也许骨子里我们多少是怀疑派，接受不了太强的insist［坚持］，太过分的certainty［确定］。

前天偶尔想起，你们要是生女孩子的话，外文名字不妨叫Gracia［葛拉齐亚］，此字来历想你一定记得。意大利字读音好听，grace［优雅］一字的意义也可爱。弥拉不喜欢名字太普通，大概可以合乎她的条件。阴历今年是甲辰，辰年出生的人肖龙，龙从云，风从虎，我们提议女孩子叫“凌云”（Lin Yun），男孩子叫“凌霄”（Lin Xiao）。你看如何？男孩的外文名没有inspiration［灵感］，或者你们决定，或者我想到了以后再告。这些我都另外去信讲给弥拉听了（凌云 = to tower over the clouds，凌霄 = to tower over the sky，我和Mira就是这样解释的）。

爸爸　六四年四月十二日

亲爱的聪：

自接喜讯以来，我快乐的心情无法抑制，老在计算生产的日期，弥拉说医生估计在八月里的上两星期，那时正是天气很热的阶段，想来伦敦医院设备好，不用担心，必有冷气，那产妇就不怎么辛苦了。最近一个月来，陆陆续续打了几件毛线衣，另外买了一件小斗篷、小被头，作为做祖母的一番心意，不日就要去寄了，怕你们都不在，还是由你岳父转的。我也不知对你们合适否？衣服尺寸都是望空做的，好在穿绒线衣时要九十月才用得着，将来需要，不妨来信告知，我可以经常代你们打。孩子的名字，我们俩常在商量，因为今年是龙年，就根据龙的特性来想，前两星期去新城隍庙看看花草，有一种叫凌霄的花，据周朝桢先生说，此花开在初夏，色带火黄，非常艳丽，我们就买了一棵回来，后来我灵机一动，“凌霄”作为男孩子的名字不是很好么？声音也好听，意义有高翔的意思；传说龙在云中，那么女孩子叫“凌云”再贴切没有了，我们就这么决定了。再有我们姓傅的，三代都是单名（你祖父叫傅鹏，父雷，你聪），来一个双名也挺有意思。你觉得怎样？

阿敏去冬年假没回来，工作非常紧张，他对教学相当认真，相当钻研，校方很重视他。他最近来信说：“我教了一年多书，深深体会到传授知识比教人容易，如果只教书而不教人的话，书绝对教不好，而要教好人，把学生教育好，必须注意身教和言教，更重要的是身教，处处要严格要求自己，以身作则。越是纪律不好的班，聪明的孩子越多，她们就更敏感，这就要求自己以身作则，否则很难把书教好。”他对教学的具体情况，有他的看法，也有他的一套，爸爸非常赞同。你看我多高兴，阿敏居然长成得走正路，这正是我俩教育孩子的目的，我们没有名利思想，只要做好本门工作就很好了，你做哥哥的知道弟弟有些成绩，一定也庆幸。

急于把信寄出，此次我的字潦草不堪。望多多来信！保重身体！

妈妈　四月十二日

1964.4.23

亲爱的孩子：

有人四月十四日听到你在BBC［英国广播公司］远东华语节目中讲话，因是辗转传达，内容语焉不详，但知你提到家庭教育、祖国，以及中国音乐问题。我们的音乐不发达的原因，我想过数十年，不得结论。从表面看，似乎很简单：科学不发达是主要因素，没有记谱的方法也是一个大障碍。可是进一步问问为什么我们科学不发达呢？就不容易解答了。早在战国时期，我们就有墨子、公输般等科学家和工程师，汉代的张衡不仅是个大文豪，也是了不起的天文历算的学者。为何后继无人，一千六百年间，就停滞不前了呢？为何西方从文艺复兴以后反而突飞猛进呢？希腊的早期科学，七世纪前后的阿拉伯科学，不是也经过长期中断的么？怎么他们的中世纪不曾把科学的根苗完全斩断呢？西方的记谱也只是十世纪以后才开始，而近代的记谱方法更不过是几百年中发展的，为什么我们始终不曾在这方面发展？要说中国人头脑不够抽象，明代的朱载堉（《乐律全书》的作者）偏偏把音乐当作算术一般讨论，不是抽象得很吗？为何没有人以这些抽象的理论付诸实践呢？西洋的复调音乐也近乎数学，为何佛兰德斯乐派，意大利乐派，以至巴赫——韩德尔，都会用创作来做实验呢？是不是一个民族的艺术天赋并不在各个艺术部门中平均发展的？希腊人的建筑、雕塑、诗歌、戏剧，在公元前四世纪时登峰造极，可是以后两千多年间就默默无闻，毫无建树了。文艺复兴时期的意大利艺术也只是昙花一现。有些民族尽管在文学上到过最高峰，在造型艺术和音乐艺术中便相形见绌，例如英国。有的民族在文学、音乐上有杰出的成就，但是绘画便赶不上，例如德国。可见无论在同一民族内，一种艺术的盛衰，还是各种不同的艺术在各个不同的民族中的发展，都不容易解释。我们的书法只有两晋、六朝、隋、唐是如日中天，以后从来没有第二个高潮。我们的绘画艺术也始终没有超过宋、元。便是音乐，也只有开元、天宝、唐玄宗的时代盛极一时，可是也只限于“一时”。现在有人企图用社会制度、阶级成分来说明文艺的兴亡。可是奴隶制度在世界上许多民族都曾经历，为什么独独在埃及和古希腊会有那么灿烂的艺术成就？而同样的奴隶制度，为何埃及和希腊的艺术精神、风格，如此之不同？如果说与统治阶级的提倡大有关系，那么英国十八、十九世纪王室的提倡音乐，并不比十五世纪意大利的教皇和诸侯（如梅迪契家族）差劲，为何英国自己就产生不了第一流的音乐家呢？再从另一些更具体更小的角度来说，我们的音乐不发达，是否同音乐被戏剧侵占有关呢？我们所有的音乐材料，几乎全部在各种不同的戏剧中。所谓纯粹的音乐，只有一些没有谱的琴曲（琴曲谱只记手法，不记音符，故不能称为真正的乐谱）。其他如笛、箫、二胡、琵琶等等，不是简单之至，便是外来的东西。被戏剧侵占而不得独立的艺术，还有舞蹈。因为我们不像西方人迷信，也不像他们有那么强的宗教情绪，便是敬神的节目也变了职业性的居多，群众自动参加的较少。如果说中国民族根本不大喜欢音乐，那又不合乎事实。我小时在乡下，听见舟子，赶水车的，常常哼小调，所谓“山歌”［古诗中（汉魏）有许多“歌行”“歌谣”，从白乐天到苏、辛都是高吟低唱的，不仅仅是写在纸上的作品］。

总而言之，不发达的原因归纳起来只是一大堆问题，谁也不曾彻底研究过，当然没有人能解答了。近来我们竭力提倡民族音乐，当然是大好事。不过纯粹用土法恐怕不会有多大发展的前途。科学是国际性的、世界性的，进步硬是进步，落后硬是落后。一定要把土乐器提高，和钢琴、提琴竞争，岂不劳而无功？抗战前（一九三七年前）丁西林就在研究改良中国笛子，那时我就认为浪费。工具与内容，乐器与民族特性，固然关系极大；但是进步的工具，科学性极高的现代乐器，决不怕表达不出我们的民族特性和我们特殊的审美感。倒是原始工具和简陋的乐器，赛过牙齿七零八落、声带构造大有缺陷的人，尽管有多丰富的思想感情，也无从表达。乐曲的形式亦然如此。光是把民间曲调记录下来，略加整理，用一些变奏曲的办法扩充一下，绝对创造不出新的民族音乐。我们连“音乐文法”还没有，想要在音乐上雄辩滔滔，怎么可能呢？西方最新乐派（当然不是指电子音乐一类的ultra modern［超现代］的东西）的理论，其实是尺寸最宽、最便于创造民族音乐的人利用的；无奈大家害了形式主义的恐怖病，提也不敢提，更不用说研究了。俄罗斯五大家—— 从德彪西到巴托克，事实俱在，只有从新的理论和技巧中才能摸出一条民族乐派的新路来。问题是不能闭关自守，闭门造车，而是要掌握西方最高最新的技巧，化为我有，为我所用，然后才谈得上把我们新社会的思想感情用我们的音乐来表现。这一类的问题，想谈的太多了，一时也谈不完。

每次收到我的信，望查看一下前一信的编号，倘有脱漏，即是有信遗失。遇此情形务必告知！希望此信赶在你离英前到达，免得又退回来！一切保重！

爸爸　六四年四月二十三日

1964.4.24

亲爱的孩子：

昨天才寄出一封长信，今日即收到四月十四日信，却未提及我四月十二日由你岳家转的信，不知曾否收到，挂念得很！

孤独的感觉，彼此差不多，只是程度不同，次数多少有异而已。我们并未离乡背井，生活也稳定，比绝大多数人都过得好；无奈人总是思想太多，不免常受空虚感的侵袭。惟一的安慰是骨肉之间推心置腹，所以不论你来信多么稀少，我总尽量多给你写信，但愿能消解一些你的苦闷与寂寞。只是心愿是一件事，写信的心情是另一件事：往往极想提笔而精神不平静，提不起笔来；或是勉强写了，写得十分枯燥，好像说话的声音口吻僵得很，自己听了也不痛快。

一方面狂热、执着，一方面洒脱、旷达、怀疑，甚至于消极：这个性格大概是我遗传给你的。妈妈没有这种矛盾，她从来不这么极端。弥拉常说你跟我真像，可见你在她面前提到我的次数不可胜计，所以她虽未见过我一面，也像多年相识一样。

你们夫妇关系，我们从来不真正担心过。你的精神波动，我们知之有素，千句并一句，只要基本信心不动摇，任何小争执大争执都会跟着时间淡忘的。我三月二日信中的结论就是这话。人生的每个阶段都是一边学一边过的，从来没有一个人具备了所有的（理论上的）条件才结婚，才生儿育女的。你为了孩子而惶惶然，表示你对人生态度严肃，却也不必想得太多。一点不想是不负责任，当然不好；想得过分也徒然自苦，问题是彻底考虑一番，下决心把每个阶段的事情做好，想好办法实行就是了。

人不知而不愠是人生最高修养，自非一时所能达到。对批评家的话我过去并非不加保留，只是增加了我的警惕。即是人言藉藉，自当格外反躬自省，多征求真正内行而善意的师友的意见。你的自我批评精神，我完全信得过；可是艺术家有时会钻牛角尖而自以为走的是独创而正确的路。要避免这一点，需要经常保持冷静和客观的态度。所谓艺术上的illusion［幻觉］，有时会蒙蔽一个人到几年之久的。至于批评界的黑幕，我近三年译巴尔扎克的《幻灭》，得到不少知识。一世纪前尚且如此，何况今日！二月号《音乐与音乐家》杂志上有一篇Karayan［卡拉扬］的访问记，说他对于批评只认为是某先生的意见，如此而已。他对所钦佩的学者，则自会倾听，或者竟自动去请教。这个态度大致与你相仿。

国外灌唱片到底如何计算报酬？一次付的还是照发行数抽版税的？这也是一种知识，我极想知道！

认真的人很少会满意自己的成绩，我的主要苦闷即在于此。所不同的，你是天天在变，能变出新体会、新境界、新表演，我则是眼光不断提高而能力始终停滞在老地方。每次听你的唱片总心上想：不知他现在弹这个曲子又是怎么一个样子了。

你老是怕对父母不尽心，我老是怕成为你的包袱，尤其从六一年以后，愈了解艺术劳动艰苦，愈不忍多花你的钱。说来说去，是大家顾着大家。抽烟是小事，非生活必需，昨信已详告，兹不再赘——倒是唱片要你多抓紧些！妈妈问你：冬天在家可要薄丝棉袄，穿着弹琴舒服些？我们可做了寄你。你家中取暖设备行不行？冬季室内有多少温度？我们毫无所知。

旧金山评论中说你的肖邦太extrovert［外在］，李先生说奇怪，你的演奏正是introvert［内在］一路，怎么批评家会如此说。我说大概他们听惯老一派的Chopin［肖邦］，软绵绵的，听到不sentimental［多愁善感］的Chopin就以为不够内在了，你觉得我猜得对不对？

既是五月七日动身，此信还想赶得及。以后便怕有长时间没法和你通讯了。

一切保重！

爸爸　六四年四月二十四日

1964.10.31

亲爱的孩子：

几次三番动笔写你的信都没有写成，而几个月的保持沉默也使我魂不守舍，坐立不安。我们从八月到今的心境简直无法形容。你的处境，你的为难（我猜想你采取行动之前，并没和国际公法或私法的专家商量过。其实那是必要的），你的迫不得已的苦衷，我们都深深的体会到，怎么能责怪你呢？[1]可是再彻底的谅解也减除不了我们沉重的心情。民族自尊心受了伤害，非短时期内所能平复；因为这不是一个“小我”的、个人的荣辱得失问题。便是万事随和处处乐观的你的妈妈，也耿耿于怀，伤感不能自已。不经过这次考验，我也不知道自己在这方面的感觉有这样强。一九五九年你最初两信中说的话，以及你对记者发表的话，自然而然的，不断的回到我们脑子里来，你想，这是多大的刺激！

我们知道一切官方的文件只是一种形式，任何法律手续约束不了一个人的心—— 在这一点上我们始终相信你；我们也知道，文件可以单方面的取消，只是这样的一天遥远得望不见罢了。何况理性是理性，感情是感情，理性悟透的事情，不一定能叫感情接受。不知你是否理解我们几个月沉默的原因，能否想象我们这一回痛苦的深度？不论工作的时候或是休息的时候，精神上老罩着一道阴影，心坎里老压

1. 系指傅聪于1964年5月加入英国国籍。

着一块石头，左一个譬解，右一个譬解，总是丢不下，放不开。我们比什么时候都更想念你，可是我和妈妈都不敢谈到你：大家都怕碰到双方的伤口，从而加剧自己的伤口。我还暗暗的提心吊胆，深怕国外的报纸、评论，以及今后的唱片说明提到你这件事……孩子出生的电报来了，我们的心情更复杂了。这样一件喜事发生在这么一个时期，我们的感觉竟说不出是什么滋味，百感交集，乱糟糟的一团，叫我们说什么好呢？怎么表示呢？

所有这一切，你岳父都不能理解。他有他的民族性，他有他民族的悲剧式的命运（这个命运，他们两千年来已经习为故常，不以为悲剧了），看法当然和我们不一样。然而我决不承认我们的看法是民族自大、是顽固，他的一套是开明、是正确。他把国籍看做一个侨民对东道国应有的感激的表示，这是我绝对不同意的！至于说弥拉万一来到中国，也必须入中国籍，所以你的行动可以说是有往有来等等，那完全是他毫不了解中国国情所作的猜测。我们的国家从来没有一条法律，要外国人入了中国籍才能久居！接到你岳父那样的信以后，我并不作复，为的是不愿和他争辩；可是我和他的意见分歧点应当让你知道。

孩子不足两个月，长得如此老成，足见弥拉成绩不错。大概她全部精力花在孩子身上了吧？家里是否有女工帮忙，减少一部分弥拉得劳累？做父母是人生第二大关，你们俩的性情脾气，连人生观等等恐怕都会受到影响。但愿责任加重以后，你们支配经济会更合理，更想到将来（谁敢担保你们会有几个儿女呢？），更能克制一些随心所欲的冲动，减少一些不必要的开支。孩子初生（一星期）的模样的确像襁褓中的你。后来几次的相片，尤其七星期的一张，眼睛与鼻梁距离较大，明明有了外家的影子—— 弥拉也更像她父亲了。不过婴儿的变化将来还多着呢。

国内阶级斗争形式尖锐，我们要防止以后几代走修正主义的路。干部、学生、知识分子，分批下乡下厂，为期一年至两年，用劳动锻炼来巩固永久革命的意志。许多考不上大学的青年还在农村落户。电影、戏剧、史学、哲学方面有些错误的有毒的作品和理论，陆续受到严正的批判。目前文艺界、音乐家都以本国的、现代的为主；过去不重视为工农兵服务的方向必须纠正过来。介绍外国文学当然更要着重批判，不能单单因为是古典名著，就无原则的照搬，对青年发生坏影响。因此我的工作也得重新考虑。巴尔扎克和别的古典作家一样，他的作品跟我们眼前的情况和要求相距太远了，考虑了好几个月，挑不出合适的东西可译。至于批判，既要对原作有相当深刻的认识和研究，又要相当的马列主义修养，两相结合，才能写出一篇不犯大错的译序：真是谈何容易！工作不定局，一颗心老挂在空中，不知怎么办。当然，研究巴尔扎克的工作大有可为，一辈子也做不完，无奈光是研究，等于坐吃，岂是长久之计。——形势如此，这方面的烦恼看来一时难望解决。

等你的唱片等了一年多没消息，真丧气！不管你自己如何不满，听你的唱片还是我们最大的享受和安慰。除了唱片还有什么方法听到你的演奏呢？可恨要得到你的唱片这样不容易！若你有办法自己寄必须包装妥当，双份，用航空寄。

最后再嘱咐你一句：你一切行动都有深远的反响波及我们；以后遇到重大的事，务必三思而行，最好先同有经验的前辈（尤其懂得法律的专家，他们头脑冷静，非艺术家可比！）多多商量！一切保重！

爸爸　六四年十月三十一日

此信写了一天半，从头至尾换过三次稿子，这是从未有之事。

凌霄出生的那天，中国旧历正是七月初七，叫做七巧，是神话中牛郎织女一年一度相会的一天，因为天上有两颗星，一叫牛郎，一叫织女（constellation of the Herd-boy and the star Vega），一年只有七月七日才同时在天空出现。你不妨跟弥拉谈谈，能知道牛郎织女的故事更有意思！我给凌霄打的毛线衣是否可穿？恐怕太小了，看孩子的样子很老练。我不时要看看孩子的照片，你们真不知我心里多快乐！孩子的照片，不论好坏，一有马上寄来，让我们在寂寞的生活中多添一些温暖！

妈妈　附笔

一九六五年

傅聪借夏天赴香港演出之机同父母通电话，一叙思念之情。但傅雷夫妇终因社会环境所限，未能赶赴香港，与日夜思念的儿子见面，双方咫尺天涯。

1965.1.28

亲爱的孩子：

将近六个月没有你的消息，我甚至要怀疑十月三十一日发的信你是否收到。上月二十日左右，几乎想打电报：如今跟以往更是不同，除了你们两人以外，又多了一个娃娃增加我们的忧虑。大人怎么样呢？孩子怎么样呢？是不是有谁闹病了？……毕竟你妈妈会体贴，说你长期的沉默恐怕不仅为了忙，主要还是心绪。对啦，她一定猜准了。你生活方面思想方面的烦恼，虽然我们不知道具体内容，总还想象得出一个大概。总而言之，以你的气质，任何环境都不会使你快乐的。你自己也知道。既然如此，还不如对人生多放弃一些理想；理想只能在你的艺术领域中去追求，那当然也永远追求不到，至少能逐渐接近，并且学术方面的苦闷也不致损害我们的心理健康。即使在排遣不开的时候，也希望你的心绪不要太影响家庭生活。归根到底，你现在不是单身汉，而是负着三口之家的责任。用老话来说，你和弥拉要相依为命。外面的不如意事固然无法避免，家庭的小风波总还可以由自己掌握。客观的困难已经够多了，何必再加上主观的困难呢？当然这需要双方共同的努力，但自己总该竭尽所能的做去。处处克制些，冷静些，多些宽恕，少些苛求，多想自己的缺点，多想别人的长处。生活——尤其夫妇生活——之难，在于同弹琴一样，要时时刻刻警惕，才能不出乱子，或少出乱子。总要存着风雨同舟的思想，求一个和睦相处相忍相让的局面，挨过人生这个艰难困苦的关。这是我们做父母的愿望。能同艺术家做伴而日子过得和平顺适的女子，古往今来都寥寥无几。千句并一句，尽量缩小一个我字，也许是解除烦闷、减少纠纷的惟一的秘诀。久久得不到你们俩的信，我们总要担心你们俩的感情，当然也担心你们俩的健康，但对你们的感情更关切，因为你们找不到一个医生来治这种病。而且这是骨肉之间出于本能的忧虑。就算你把恶劣的心情瞒着也没用。我们不但同样焦急，还因为不知底细而胡乱猜测，急这个，急那个，弄得寝食不安。假如以上劝告你认为毫无根据，那更证明长期的沉默，会引起我们焦急到什么程度。你也不能忘记，你爸爸所以在这些事情上经常和你唠叨，因为他是过来人，不愿意上一代犯的错误在下一代身上重演。我和你说这一类的话永远抱着自责的沉痛的心情的！

说到我断断续续的小毛病，不必絮烦，只要不躺在床上打断工作，就很高兴了。睡眠老是很坏，脑子停不下来，说不上是神经衰弱还是什么。幸而妈妈身体健旺，样样都能照顾。我脑子一年不如一年，不用说每天七八百字的译文苦不堪言，要换二三道稿子，便是给你写信也非常吃力。只怕身体再坏下去，变为真正的老弱残兵。眼前还是能整天整年——除了闹病——的干，除了翻书，同时也做些研究工作，多亏巴黎不断有材料寄来。最苦的是我不会休息，睡时脑子停不下来，醒时更停不住了。失眠的主要的原因大概就在于此。

你的唱片始终没消息，我们都不敢希望还有收到的一天了！

不写了，望多多保重，快快来信！

爸爸　一九六五年一月二十八日

1965.1.29

亲爱的聪：

提起笔来真不知千言万语何从说起！你这样长时期的不给我们信，真不知我们思念你的痛苦，爸爸晚上的辗转不能入睡，大一半也在你身上，我们因为想你想得厉害，反怕提到你，可是我们的内心一样焦虑；我常常半夜惊醒，百感交集，忧心如焚这四个字，就可以说明父母思念儿子的心情。你现在有了孩子，应该体会得到。这半年来幸而弥拉有信来，还有凌霄可爱的照片，给了我们不少安慰，我真是万分的感谢她。你的行动多少还知道一鳞半爪，弥拉还很有趣的描写孩子的喜怒，我们真是从心底里欢喜。孩子越长越漂亮，朋友们看了，都说鼻子面型像你，额角眼睛有些像他母亲，如今快六个月了，恐怕又变了样，望多拍些照，经常寄来，让我们枯寂的生活中，多一些光彩，多一些温暖。

你的唱片至今未寄来，难道伦敦的唱片公司不能向美国去订，再由伦敦航空寄来吗？你真不知道我们对你唱片的重视，放你的片子，好像与你的距离近了，更亲切了。我们远隔万里，见面当然谈不上，可是总该有权利听你的唱片，总不至于办不到吧，望百忙中来信，让我们快乐一下吧！

没有几天就要过春节了，孩子不在身边，虽然寂寞单调的生活过惯了，总有空虚之感。不写了，再见！

妈妈　一月二十九日

1965.2.20

亲爱的孩子：

半年来你惟一的一封信不知给我们多少快慰。看了日程表，照例跟着你天南地北的神游了一趟，做了半天白日梦。人就有这点儿奇妙，足不出户，身不离斗室，照样能把万里外的世界、各地的风光、听众的反应、游子的情怀，一样一样的体验过来。你说在南美仿佛回到了波兰和苏联，单凭这句话，我就咂摸到你当时的喜悦和激动；拉丁民族和斯拉夫民族的热情奔放的表现也历历如在目前。

照片则是给我们另一种兴奋，虎着脸的神气最像你。大概照相机离得太近了，孩子看见那怪东西对准着他，不免有些惊恐，有些提防。可惜带笑的两张都模糊了（神态也最不像你），下回拍动作，光圈要放大到F.2或F.3.5，时间用1/100或1/150秒。若用闪光（即flash）则用F.11，时间1/100或1/150秒。望着你弹琴的一张最好玩，最美；应当把你们俩作为特写放大，左手的空白完全不要；放大要五或六英寸才看得清，因原片实在太小了。另外一张不知坐的是椅子是车子？地下一张装中国画（谁的）的玻璃框，我们猜来猜去猜不出是怎么回事，望说明！

你父性特别强是像你妈，不过还是得节制些，第一勿妨碍你的日常工作，第二勿宠坏了凌霄——小孩儿经常有人跟他玩，成了习惯，就非时时刻刻抓住你不可，不但苦了弥拉，而且对孩子也不好。耐得住寂寞是人生一大武器，而耐寂寞也要自幼训练的！疼孩子固然要紧，养成纪律同样要紧；几个月大的时候不注意，到两三岁时再收紧，大人小儿都要痛苦的。

你的心绪我完全能体会。你说得不错，知子莫若父，因为父母子女的性情脾气总很相像，我不是常说你是我的一面镜子吗？且不说你我的感觉一样敏锐，便是变化无常的情绪，忽而高潮忽而低潮，忽而兴奋若狂忽而消沉丧气等等的艺术家气质，你我也相差无几。不幸这些遗传（或者说后天的感染）对你的实际生活弊多利少。凡是有利于艺术的，往往不利于生活；因为艺术家两脚踏在地下，头脑却在天上，这种姿态当然不适应现实的世界。我们常常觉得弥拉总算不容易了，你切勿用你妈的性情脾气去衡量弥拉。你得随时提醒自己，你的苦闷没有理由发泄在第三者身上。况且她的童年也并不幸福，你们俩正该同病相怜才对。我一辈子没有做到克己的功夫，你要能比我成绩强，收效早，那我和妈妈不知要多么快活呢！

要说exile［放逐］，从古到今多少大人物都受过这苦难，但丁便是其中的一个；我辈区区小子又何足道哉！据说《神曲》是受了exile的感应和刺激而写的，我们倒是应当以此为榜样，把exile的痛苦升华到艺术中去。以上的话，我知道不可能消除你的悲伤愁苦，但至少能供给你一些解脱的理由，使你在愤懑郁闷中有以自拔。做一个艺术家，要不带点儿宗教家的心肠，会变成追求纯技术或纯粹抽象观念的virtuoso［艺术大师］，或者像所谓抽象主义者一类的狂人；要不带点儿哲学家的看法，又会自苦苦人（苦了你身边的伴侣），永远不能超脱，最后还有一个实际的论点：以你对音乐的热爱和理解，也许不能不在你厌恶的社会中挣扎下去。你自己说到处都是outcast［被排斥的人］，不就是这个意思吗？艺术也是一个tyrant［暴君］，因为做他奴隶的都心甘情愿，所以这个tyrant尤其可怕。你既然认了艺术做主子，一切的辛酸苦楚便是你向他的纳贡，你信了他的宗教，怎么能不把少牢太牢去做牺牲呢？每一行有每一行的humiliation［耻辱］和misery［不幸］，能够resign［顺从］就是少痛苦的不二法门。你可曾想过，肖邦为什么后半世自愿流亡异国呢？他的Op.25［作品第二十五号］以后的作品付的是什么代价呢？

诸事珍重，为国自爱！

爸爸　一九六五年二月二十日

任何艺术品都有一部分含蓄的东西，在文学上叫做言有尽而意无穷，西方人所谓between lines［弦外之音］。作者不可能把心中的感受写尽，他给人的启示往往有些还出乎他自己的意想之外。绘画、雕塑、戏剧等等，都有此潜在的境界。不过音乐所表现的最是飘忽，最是空灵，最难捉摸，最难肯定，弦外之音似乎比别的艺术更丰富，更神秘，因此一般人也就懒于探索，甚至根本感觉不到有什么弦外之音。其实真正的演奏家应当努力去体会这个潜在的境界（即《淮南子》所谓“听无音之音者聪”，无音之音不是指这个潜藏的意境又是指什么呢）而把它表现出来，虽然他的体会不一定都正确。能否体会与民族性无关。从哪一角度去体会，能体会作品中哪一些隐藏的东西，则多半取决于各个民族的性格及其文化传统。甲民族所体会的和乙民族所体会的，既有正确不正确的分别，也有种类的不同，程度深浅的不同。我猜想你和岳父的默契在于彼此都是东方人，感受事物的方式不无共同之处，看待事物的角度也往往相似。你和董氏兄弟初次合作就觉得心心相印，也是这个缘故。大家都是中国人，感情方面的共同点自然更多了。

亲爱的聪、弥拉：

接到你们来信前三四天，我梦见了你们，我暗忖不久该有你的信来了，果然不出所料，对我们来说真是大大的收获。我常有预感，屡次都应验。凌霄的照片真是太美了，一次比一次好看。我托萧伯母寄来一种不用贴照相角的日本货照相簿，专放孩子的照片。凌霄坐在沙发上听你弹琴的一张暂时放在我房内五斗柜上，另外一张（下面有中国画的）放在床头小桌上，我不时可满怀高兴的看着他！我们虽然离得那么远，可是我会譬解，很达观。现在有多少青年不是踊跃去农村落户，就是去新疆参加建设，还不是一样不大容易见面？同时也有不少人家的儿女远在异国。我们可以通信，交换照片，还不是一样心连着心！

你说马上把唱片寄来，我们快活极了，但愿不要开了支票不兑现！

凌霄已过了六个月，该会格格的笑出声了，会咿咿哑哑的逗人乐了，我们何尝不望着他做梦呢！我打的毛衣恐怕太小，早已不能穿了吧，说来惭愧，我真不知如何表达我做祖母的心意！

此信我本想要爸爸翻成英文让弥拉高兴一下。我的外文，看是没问题，弥拉每次来信，我总要反复看几遍，可以说是完全理解她的。可惜我不会动笔，有时很想叫爸爸翻译，无奈爸爸他太忙，我也不愿浪费他的时间，所以你一定要为我做这件事，耐心地讲给弥拉听，我才高兴。

希望大家保重身体，多写些信，多寄些照片来！

妈妈　二月二十日

1965.5.16／21

亲爱的孩子：

香港的长途电话给我们的兴奋，简直没法形容。五月四日整整一天我和你妈妈魂不守舍，吃饭做事都有些飘飘然，好像在做梦；我也根本定不下心来工作。尤其四日清晨妈妈告诉我说她梦见你还是小娃娃的模样，喂了你奶，你睡着了，她把你放在床上。她这话说过以后半小时，就来了电话！怪不得好些人要迷信梦！萧伯母的信又使我们兴奋了大半日，她把你过港二十三小时的情形详详细细写下来了，连你点的上海菜都一样一样报了出来，多有意思。信、照片，我们翻来覆去看了又看，电话中听到你的声音，今天看到你打电话前夜的人，这才合起来，成为一个完整的你！（我不是说你声音有些变了吗？过后想明白了，你和我一生通电话的次数最少，经过电话机变质以后的你的声音，我一向不熟悉；一九五六年你在北京打来长途电话，当时也觉得你声音异样。）看你五月三日晚刚下飞机的神态，知道你尽管风尘仆仆，身心照样健康，我们快慰之至。你能练出不怕紧张的神经，吃得起劳苦的身体，能应付二十世纪演奏家的生活，归根到底也是得天独厚。我和你妈妈年纪大了，越来越神经脆弱，一点儿小事就会使我们紧张得没有办法。一方面是性格生就，另一方面是多少年安静的生活越发叫我们没法适应天旋地转的现代tempo［节奏］。

五月十六日夜

另一件牵挂的事是你说的搬房子问题。按照弥拉六一年三月给我们画的图样，你现在不是除了studio［工作室］以外，还有一间起居室吗？孩子和你们俩也各有卧房，即使比没有孩子的时候显得挤一些，总还不至于住不下吧？伦敦与你等级辈分相仿的青年演奏家，恐怕未必住的地方比你更宽敞。你既不出去应酬，在家也不正式招待，不需要顾什么排场；何况你也不喜欢讲究排场，跟你经常来往的少数人想必也气味相投，而决非看重空场面的人。你一向还认为朴素是中国人的美德，尤其中国艺术家传统都以清贫自傲：像你目前的起居生活也谈不到清贫，能将就还是将就一下好。

有了孩子，各式各样不可预料的支出随着他年龄而一天天加多；即使此刻手头还能周转，最好还是存一些款子，以备孩子身上有什么必不可少的开支时应用。再说，据我从你一九六一年租居的经过推想，伦敦大概用的是“典屋”（吾国旧时代也有类似的办法，我十岁以前在内地知道有这种规矩，名目叫“典屋”，不是后来上海所通行的“顶”）的办法：开始先付一笔钱，以后每季或每月付，若干年后付满了定额，就享有永久（或半永久）的居住权，土地则一律属于政府，不归私人。这种屋子随时可以“转典”出去，原则上自己住过几年，转典的价必然比典进时的原价要减少一些，就是说多少要有些损失。除非市面特别好——所谓国民经济特别景气的时期，典出去的价格会比典进来时反而高。但是你典出了原住的房子，仍要典进新的屋子，假如市面好，典出的价格高，那么典进新屋的价也同样高：两相抵消，恐怕还是自己要吃亏的；因为你是要调一所大一些的屋子，不是原住的屋子大而调进的屋子小；屋子大一些，典价当然要高一些，换句话说，典进和典出一定有差距，而且不可能典出去的价钱比典进来的价钱高。除非居住的区域不同，原来的屋子在比较高级的住宅区，将来调进的屋子在另一个比较中级的住宅区：只有这个情形之下，典出去的价才可能和典进较大的新屋的价相等，或者反而典出去的价高于典进新屋的价。

你说，我以上的说法（更正确的说来是推测）与事实相符不相符？除开典进典出的损失，以及今后每月或每季的负担多半要加重以外，还有些问题需要考虑：（一）你住的地方至少有一间大房间必须装隔音设备，这一笔费用很大，而且并不能增加屋子的市价。比如说你现住的屋子，studio［工作室］有隔音设备，可并不能因此而使典出去的价钱较高，除非受典的人也是音乐演奏家。（二）新屋仍须装修，如地毯、窗帘等等，不大可能老屋子里原有的照样好拿到新屋子用。这又是一笔可观的支出。（三）你家的实际事务完全由弥拉一个人顶的，她现在不比一九六一年，有了孩子，不搬家也够忙了，如果为了搬家忙得影响身体，也不大上算。再说，她在家忙得团团转，而正因为太忙，事情未必办得好；你又性急又挑剔，看了不满意，难免一言半语怪怨她，叫她吃力不讨好，弄得怨气冲天，影响两人的感情，又是何苦呢！

因此种种，务望你回去跟弥拉从长计议，把我信中的话细细说与她听，三思而行，方是上策。这件事情上，你岳父的意见不能太相信，他以他的地位、资历，看事情当然与我们不同。况且他家里有仆役，恐怕还不止一个，搬家在他不知要比你省事省力多少倍，他认为轻而易举的事，在你可要花九牛二虎之力。此点不可不牢牢记住！

别以为许多事跟我们说不清，以为我们国内不会了解外面的情形；我们到底是旧社会出身，只要略微提几句，就会明白。例如你电话中说到“所得税”，我马上懂得有些精明的人想法逃税，而你非但不会做，也不愿意做。

写到此，想起一年前听到的传闻，说你岳父在伦敦郊外送你一所别墅：我听了大笑，我说聪哪里来的钱能付这样一笔“赠与税”？又哪儿来的钱维持一所别墅？由此可见，关于你的谣言，我们听得着实不少，不论谣言是好是坏，我们都一笑置之。

世上巧事真多：五月四日刚刚你来过电话，下楼就收到另外两张唱片：*Schubert Sonatas*［《舒伯特奏鸣曲集》］，*Scarlatti Sonatas*［《斯卡拉蒂奏鸣曲集》］。至此为止，你新出的唱片都收齐了，只缺少全部的副本，弥拉信中说起由船上寄，大概即指double copies［副本］；我不担心别的，只担心她不用木匣子，仍用硬纸包装，那又要像两年前贝多芬唱片一样变成坏烧饼了，因为船上要走两个半月，而且堆在其他邮包中，往往会压得不成其为唱片。

至于唱片的成绩，从Bach，Handel，Scarlatti［巴赫，韩德尔，斯卡拉蒂］听来，你弹古典作品的技巧比一九五六年又大大的提高了，李先生很欣赏你的touch［触感］，说是像bubble［气泡］（我们说是像珍珠，白居易《琵琶行》中所谓“大珠小珠落玉盘”）。*Chromatic Fantasy*［《半音幻想曲》］和以前的印象大不相同，根本认不得了。你说Scarlatti的创新有意想不到的地方，的确如此。Schubert［舒伯特］过去只熟悉他的Lieder［艺术歌曲］，不知道他后期的Sonata［奏鸣曲］有这种境界。我翻出你一九六一年九月二十一日挪威来信上说的一大段话，才对作品有一个初步的领会。关于他的Sonata，恐怕至今西方的学者还意见不一，有的始终认为不能列为正宗的作品，有的（包括Tovey［托维］）则认为了不起。

前几年杰老师来信，说他在布鲁塞尔与你相见，曾竭力劝你不要把这些Sonata放入节目，想来他也以为群众不大能接受。你说timeless and boundless［跨越时空］，确实有此境界。总的说来，你的唱片总是带给我们极大的喜悦，你的phrasing［句法］正如你的breathing［呼吸］，无论在*Mazurka*［《玛祖卡》］中还是其他的作品中，特别是慢的乐章，我们太熟悉了，等于听到你说话一样。可惜唱片经过检查，试唱的唱针不行，及试唱的人不够细心，来的新片子上常常划满条纹，听起来碎声不一而足，像唱旧的一样，尤其是forte［强音］和ff［更强音］的段落。

凌霄快要咿咿哑哑学话了，我建议你先买一套中文录音（参看LTC-65号信，今年一月二十八日发），常常放给孩子听，让他习惯起来，同时对弥拉也有好处。将来恐怕还得另外请一个中文教师专门教孩子—— 你看，不是孩子身上需要花钱的地方多得很吗？你的周游列国的生活多辛苦，总该量入为出；哪一方面多出来的，绝对少不了的开支，只能想办法在别的可以省的地方省下来。群众好恶无常，艺术家多少要受时髦或不时髦的影响，处处多想到远处，手头不要太宽才好。

上面说的搬家问题值得冷静考虑，也是为此！你伦敦的每月家用只要合理计算一下，善于调度，保证你可以省去百分之二十左右的开支，而照样维持你们眼前的生活水平！这一点也同样适用于你单独在外的费用。你该明白我不是说你们奢侈，而是不会调度，不会计算；为什么不学一学这一门人生最重要的课程呢！

明年你能否再来远东，大半取决于那时候东南亚的大局。我们是否能和你相见，完全看领导如何决定。不过你万一决定日期，必须及早告诉我们，以便及早请示。倘我们不能相见，则弥拉与凌霄也不必千里迢迢跟你一同来了。话是说不完的，但愿你回英的途中再把此信细看两遍，细想一番。万一你在港演出有变化，萧伯母会将此信转到伦敦的。

你塔什干发的信又丢了，真真遗憾！只希望一星期之后能接到你从新西兰发来的信。

你的巴赫练得怎样了？肖邦练习曲是否经常继续？有什么新的repertoire［曲目］？这三个问题，我一年来问过你几回，你都未答复！

二月二十二日寄你的近三年演出日程表十页，切勿再丢失。七月中有空千万校正后寄回。

我近来脑子越来越不行，苦不堪言！我深怕翻译这一行要干不下去了（单从自己能力来说），成了废物可怎么办呢?

一切保重，孩子，一切保重，诸事小心！

爸爸　六五年五月二十一日深夜

1965.5.27

亲爱的孩子：

你谈到中国民族能“化”的特点，以及其他关于艺术方面的感想，我都彻底明白， 那也是我的想法。多少年来常对妈妈说：越研究西方文化，越感到中国文化之美，而且更适合我的个性。我最早爱上中国画，也是在二十一二岁在巴黎卢浮宫钻研西洋画的时候开始的。这些问题以后再和你长谈。妙的是你每次这一类的议论都和我的不谋而合，信中有些话就像是我写的。不知是你从小受的影响太深了呢，还是你我二人中国人的根一样深？大概这个根是主要原因。

一个艺术家只有永远保持心胸的开朗和感觉的新鲜，才永远有新鲜的内容表白，才永远不会对自己的艺术厌倦，甚至像有些人那样觉得是做苦工。你能做到这一步—— 老是有无穷无尽的话从心坎里涌出来，我真是说不出的高兴，也替你欣幸不置！

爸爸　六五年五月二十七日

1965.6.14

亲爱的孩子：

这一回一天两场的演出，我很替你担心，好姆妈说你事后喊手筋痛，不知是否马上就过去？到伦敦后在巴斯登台是否跟平时一样？那么重的节目，舒曼的*Toccata*［《托卡塔》］和*Kreisleriana*［《克莱斯勒偶记》］都相当别扭，最容易使手指疲劳；每次听见国内弹琴的人坏了手，都暗暗为你发愁。当然主要是方法问题，但过度疲劳也有关系，望千万注意！你从新西兰最后阶段起，前后紧张了一星期，回家后可曾完全松下来，恢复正常？可惜你的神经质也太像我们了！看书兴奋了睡不好，听音乐兴奋了睡不好，想着一星半点的事也睡不好……简直跟你爸爸妈妈一模一样！但愿你每年暑期都能彻底relax［放松，休憩］，下月去德国就希望能好好休息。年轻力壮的时候不要太逞强，过了四十五岁样样要走下坡路：最要紧及早留些余地，精力、体力、感情，要想法做到细水长流！孩子，千万记住这话：你干的这一行最伤人，做父母的时时刻刻挂念你的健康——不仅眼前的健康，而且是十年二十年后的健康！你在立身处世方面能够洁身自爱，我们完全放心；在节约精力、护养神经方面也要能自爱才好！

你此次两过香港，想必对于我一九六一年春天竭力劝你取消在港的约会的理由，了解得更清楚了，沈先生也来了信，有些情形和我预料的差不多。幸亏他和好姆妈事事谨慎，处处小心，总算平安度过，总的客观反应，目前还不得而知。明年的事第一要看东南亚大局，如越南战事扩大，一切都谈不到。目前对此不能多存奢望。你岳丈想来也会周密考虑的。

此外，你这一回最大的收获恐怕还是在感情方面，和我们三次通话，美中不足的是五月四日、六月五日早上两次电话中你没有叫我，大概你太紧张，当然不是争规矩，而是少听见一声“爸爸”好像大有损失。妈妈听你每次叫她，才高兴呢！好姆妈和好好爹爹那份慈母般的爱护与深情，多少消解了你思乡怀国的饥渴。昨天同时收到他们俩的长信，妈妈一面念信一面止不住流泪。这样的热情、激动，真是人生最宝贵的东西。我们有这样的朋友（李先生六月四日从下午六时起到晚上九时，心里就想着你的演出。上月二十三日就得到朋友报告，知道你大概的节目），你有这样的亲长（十多年来天舅舅一直关心你，好姆妈五月底以前的几封信，他都看了，看得眼睛也湿了，你知道天舅舅从不大流露感情的），把你当作自己的孩子一般，也够幸福了。他们把你四十多小时的生活行动描写得详详细细，自从你一九五三年离家以后，你的实际生活我们从来没有知道得这么多的。他们的信，二十四小时内，我们已看了四遍，每看一遍都好像和你团聚一回。可是孩子，你回英后可曾去信向他们道谢？当然他们会原谅你忙乱，也不计较礼数，只是你不能不表示你的心意。信短一些不要紧，却绝对不能杳无消息。人家给了你那么多，怎么能不回报一星半点呢？何况你只消抽出半小时的时间写几行字，人家就够快慰了！刘抗和陈人浩伯伯处唱片一定要送，张数不拘，也是心意为重。此事本月底以前一定要办，否则一出门，一拖就是几个月。

你新西兰信中提到horizontal［水平的］与vertical［垂直的］两个字，不知是不是近来西方知识界流行的用语？还是你自己创造的？据我的理解，你说的水平的（或平面的，水平式的），是指从平等地位出发，不像垂直的是自上而下的；换言之，“水平的”是取的渗透的方式，不知不觉流入人的心坎里；垂直的是带强制性质的灌输方式，硬要人家接受。以客观的效果来说，前者是潜移默化，后者是被动的（或是被迫的）接受。不知我这个解释对不对？一个民族的文化假如取的渗透方式，它的力量就大而持久。个人对待新事物或外来的文化艺术采取“化”的态度，才可以达到融会贯通、彼为我用的境界，而不至于生搬硬套，削足适履。受也罢，与也罢，从“化”字出发（我消化人家的，让人家消化我的），方始有真正的新文化。“化”不是没有斗争，不过并非表面化的短时期的猛烈的斗争，而是潜在的长期的比较缓和的斗争。谁能说“化”不包括“批判的接受”呢？

一九六三年十二月二十一日来信说在“重练莫扎特的*Rondo in a min.*［《a小调回旋曲》］，K.511［作品五一一号］和*Adagio in b min.*［《b小调柔板》］”，认为是莫扎特钢琴独奏曲中最好的作品。记得一九五三年以前你在家时，我曾告诉你，罗曼·罗兰最推崇这两个曲子。现在你一定练出来了吧？有没有拿去上过台？还有舒伯特的*Landler*［《兰德勒舞曲》］是否只宜于做encore piece［返场乐曲］？我简直毫无观念。莫扎特以上两支曲子，几时要能灌成唱片才好！否则我恐怕一辈子听不到的了。

只要在Elmans［埃尔门斯］有空，真盼望和我谈谈这封信上所提的问题。话永远说不完，暂且带住，一切保重！

手是否正常，务必来信告知！有事托弥拉代办，不和你提了。

爸爸　六五年六月十四日

烟酒两项望尽量节制，想你也不会过分的，两样对心脏都不好。

亲爱的聪、弥拉：

五月四日到现在，我的心情始终激动得无法平静。这期间好姆妈与我们之间不知来往了多少信，她为了要我们快乐，知道我们热切期待着你的消息，情愿牺牲了睡眠的时间，把你两次逗留香港的行动，不厌其烦的把生活细节都告诉我们（譬如说：六月四日下午我们通话，原来你满身肥皂，在浴缸里跟我们讲话，怪不得你说："明天再谈了，我要穿衣服。"我们满以为你要穿礼服过海，准备上台！我们为之大笑。还有你两口三口的吃掉一只粽子，很有滋味的样子），满足了做父母的贪得无厌的欲望，使我们真的感觉到和你生活在一起。

这是多么伟大的深厚的友情！我们衷心感激，永远不会忘记的。我们一生中所能交往的朋友，没有一个不是忠诚老实，处处帮助我们的，总算下来，我们受之于人的大大超过了我们给人的，虽然难免内疚，毕竟也引以自傲。

你在各地奔波，只要一碰到我们的知己好友，非但热诚的招待你，还百般的爱护你，好姆妈就是最显著的一个，她来信说，她"对你的热爱是无法形容的"，她爱你的造诣，更爱你的品德。这次在港演出，都是她的关系，给你介绍沈：一个品质高尚难能可贵的知友。为你样样安排得谨密周详，无微不至，代替了我们应做的事，而且比我们做得更好。你真要当她母亲一般看待，这种至情至意，在世态炎凉的社会中，哪里找得到呢！好好爹爹也有信来，她与往年一样充满了热情，因为你说还常记得她，使她更喜欢得如醉若狂，都在字里行间奔放出来，怎不令人兴奋！我一面流泪一面看他们的信，是欢乐、是辛酸，我无法抑制我的感情。

弥拉最近又寄来了好几张凌霄的照片，孩子一天一天都在变，他的表情也越来越丰富，他的面相有时很像你，有时不十分像，似乎舅家的气息多起来了，眼睛像弥拉的成分多，你看对不对？

给凌霄过周岁的衣包，大概一星期内可寄出，收到后千万告诉我尺寸合适否？也许大了些，那么慢慢或明年穿，或者需要哪一类式样的，叫弥拉老老实实告诉我，不必客气，要说的话爸爸都已详细谈了，我也不啰嗦了，望你们保重身体！

妈妈　六月十四日

1965.7.11

亲爱的孩子：

从五月二十一日至今，已经给你写到第四封信；不知哪一天能接到你德国的消息！电话毕竟代替不了书信；前者只是简略的提纲，后者方是“正文”。

收到六月二十八日伦敦剪报，知道你二十七日在Festival Hall［节日音乐厅］有一个独奏会，可见你的手完全正常，总算放了心。此次评论不像前两三年，口气好多了。只不知收支是否平衡？以季节而论，六月底恐怕许多人已经出门度假，听众人数不能不受影响，是不是？节目是你在马尼拉、新西兰各地及香港弹过五六回了，这次在伦敦的成绩你觉得如何？近几年中新加的曲子，六三年秋季从维也纳回来后的艺术及技术进度，是我最想知道的，务望详细谈谈！卡波斯太太那儿有时还去请教吗？

香港的中文报，看到了几份：实在太幼稚，再加一种情妇的口吻，叫人受不了。由此可见一般群众的文化水平。我觉得在那种地方演出是否值得，大可考虑。除了一小撮人以外，多半是看热闹看人，而不是来听音乐的；可是你倒要花那么多精神处处防范，战战兢兢的注意一言一语，一举一动，岂不是有点儿犯不上？受到新闻界如此注目，假如逗留的日子多一些，说不定会有不情不实的报道，使你为难，尤其在国内看来，对你更有弊无利。万一我与你在港九相见，我的名字也不免见报，报上怎么说，谁也拿不准，对我可是大大的不妥当。惟一安全的办法是我与你incognito（化名）的团聚一次，不过这也是空想。在港九露过一次面，以后想要incognito的再出现是极不容易办到的；何况不演奏而来一次香港，经济上花费也太大。因此尽管我和妈妈一百二十分的渴望见见你，见见弥拉和凌霄，我觉得还需要慎重考虑。批准不批准出来姑且不谈，单是申请就应当三思而行。我们的情形与你不同：有些事情不是说做不成罢了，而是除了做不成以外，还有别的副作用—— 而且这副作用不一定眼前使你感受到后果，却是要过几年才发生。此外，假如你明年与岳父同来，你势必比今年更受注目，难免新闻界漏出一言半语，影响国内对你的看法。（比如"投奔某某"在国外记者笔下是一句极平常的轻描淡写的话，在国内却是大大的刺目，一下子又揭开了多年前的伤疤！）总而言之，事情远不如你和好姆妈想象的那么简单。所以除了越南战争以外，你与岳父同来港岛的问题还得从另外一些角度考虑。我的话你该细细揣摩，想必你会懂得。港九不仅环境复杂，同大陆也离得太近了，一切反应特别多，特别快，也特别敏感；而人家对你的看法又不能不连带牵涉到我：问题的难处真是一言难尽。

好姆妈处可曾去过信？刘抗伯伯的唱片可曾寄出？别忘了唱盘目录始终未收到。香港沈君也未寄来。托弥拉办的月季花协会（National Rose Society）入会事办了没有？凌霄毛衣一包已于六月十六日寄你岳父家。此信不知是否能转到你手中？七月还有什么音乐会？你原寄的日程表只到六月为止。一切保重！

爸爸　六五年七月十一日

1965.9.12

聪：

好容易等了三个月等到你的信，妈妈看完了叹一口气，说：“现在又不知要等多久才能收到下一封信了！”今后你外出演奏，想念凌霄的心情，准会使你更体会到我们怀念你的心情。八月中能抽空再游意大利，真替你高兴。Perugia［佩鲁贾］是拉斐尔的老师Perugino［佩鲁吉诺］的出生地，他留下的作品一定不少，特别在教堂里。Assisi［阿西西］是十三世纪的圣者St. Francis［圣弗朗西斯］的故乡，他是“圣芳济会”（旧教中的一派）的创办人，以慈悲出名，据说真是一个鱼鸟可亲的修士，也是朴素近于托钵僧的修士。没想到意大利那些小城市也会约你去开音乐会。记得Turin，Milan，Perugia［都灵，米兰，佩鲁贾］你都去过不止一次，倒是罗马和那不勒斯、佛罗伦萨从未演出。有些事情的确不容易理解，例如巴黎只邀过你一次；Etiemble［埃蒂安布勒］信中也说：“巴黎还不能欣赏votre fils［你的儿子］”，难道法国音乐界真的对你有什么成见吗？且待明年春天揭晓！

说弗兰克不入时了，nobody asks for［无人问津］，那么他的《小提琴奏鸣曲》怎么又例外呢？群众的好恶真是莫名其妙。我倒觉得*Variations Symphoniques*［《变奏交响曲》］并没一点“宿古董气”，我还对它比圣桑的*Concertos*［《协奏曲》］更感兴趣呢！你曾否和岳父试过Chausson［肖松］？记得二十年前听过他的《小提琴奏鸣曲》，凄凉得不得了，可是我很喜欢。这几年可有机会听过Duparc［杜巴克］

的歌？印象如何？我认为比Faure［佛瑞］更有特色。你预备灌*Landlers*［《兰德勒舞曲》］，我听了真兴奋，但愿能早日出版。从未听见过的东西，经过你一再颂扬，当然特别好奇了。你觉得比他的*Impromptus*［《即兴曲》］更好是不是？老实说，舒伯特的*Moments Musicaux*［《音乐瞬间》］对我没有多大吸引力。

弄chamber music［室内乐］的确不容易。personality［个性］要能匹配，谁也不受谁的outshine［掩盖］，是可遇而不可求的。事先大家意见一致，并不等于感受一致，光是intellectual understanding［理性的了解］是不够的；就算感受一致了，感受的深度也未必一致。在这种情形之下，当然不会有什么last degree conviction［坚强的信念］了。就算有了这种坚强的信念，各人口吻的强弱还可能有差别：到了台上难免一个迁就另一个，或者一个压倒另一个，或者一个满头大汗的勉强跟着另一个。当然，谈到这些已是上乘，有些duet sonata［二重奏］的演奏者，这些trouble［困难］根本就没感觉到。记得Kentner［肯特纳］和你岳父灌的Franck，Beethoven［弗兰克，贝多芬］，简直受不了。听说Kentner的音乐记忆力好得不可思议，可是记忆究竟跟艺术不相干：否则电子计算机可以成为第一流的音乐演奏家了。

最近正在看卓别林的自传（一九六四年版），有意思极了，也凄凉极了。我一边读一边感慨万端。主要他是非常孤独的人，我也非常孤独：这个共同点使我对他感到特别亲切。我越来越觉得自己detached from everything［和一切脱节］，拼命工作其实只是由于机械式的习惯，生理心理的需要（不工作一颗心无处安放），而不是真有什么conviction［信念］。至于嗜好，无论是碑帖、字画、小骨董、种月季，尽管不时花费一些精神时间，却也常常暗笑自己，笑自己愚妄、虚空、自欺欺人的混日子！

卓别林的不少有关艺术的见解非常深刻、中肯；不随波逐流，永远保持独立精神和独立思考，原是一切第一流艺术家的标记。他写的五十五年前（我只二三岁）的纽约和他第一次到那儿的感想，叫我回想起你第一次去纽约的感想—— 颇有大同小异的地方。他写的第一次大战前后的美国，对我是个新发现：我怎会想到一九一二年已经有了摩天大厦和Coca-Cola［可口可乐］呢？资本主义社会已经发展到那个阶段呢？这个情形同我一九三〇年前后认识的欧洲就有很大差别。

我们天天等凌霄的生日照片！再谈，一切保重！

爸爸　一九六五年九月十二日夜　中秋后二日

今年敏和她相继回校以后，三五天茫茫然若有所失，心头一片寂寞，比前几年更难受。大概心情更进入老境了，小蓉这孩子天真朴实，整日嘻嘻哈哈，二十四岁只像十五十六岁，可爱之极。只是如此无邪的性格，在任何时代都不合时宜，看了叫人sad［悲伤］！

1965.9.23

亲爱的聪、弥拉：

凌霄生日的照片收到了，给了我们不知多少欢喜，孩子一天一天的长大，我们虽远隔万里，可是也跟着你们一起生活，让我们多些幻想、梦境。恐怕孩子已经开始学步，会叫爸爸妈妈了吧！你说他整天笑，多好玩！但是寄来的照片，笑的不多，给孩子照相，笑的镜头不易捉住。以后再寄时，遇到表情十足的，一定要放大，而且要重复几份，马伯伯他们不知要了多少回，可我们又不肯割爱，真叫为难。今天寄你的几张我们的照片，假期里发个狠，不管好坏，让你们看看比没有好。

凌霄的保姆走了，弥拉怎么忙得过来？我一点忙都帮不上，心里说不出的内疚。希望能早日找个新保姆，否则长期下来，我担心弥拉会吃不消得。你看怎么办呢？有没有临时工可找，至少粗活可以分去一部分。有空多写信来，我们太孤独了，需要孩子的温暖！

祝好！

妈妈　九月二十三日

1965.10.4

聪：

九月二十九日起眼睛忽然大花，专科医生查不出原因，只说目力疲劳过度，且休息一个时期再看。其实近来工作不多，不能说用眼过度，这几日停下来，连书都不能看，枯坐无聊，沉闷之极。但还想在你离英以前给你一信，也就勉强提起笔来。

两周前看完《卓别林自传》，对一九一〇至一九五四年间的美国有了一个初步认识。那种物质文明给人的影响，确非我们意料所及。一般大富翁的穷奢极欲，我实在体会不出有什么乐趣而言。那种哄闹取乐的玩艺儿，宛如五花八门、光怪陆离的万花筒，在书本上看看已经头晕目迷，更不用说亲身经历了。像我这样，简直一天都受不了；不仅心理上憎厌，生理上神经上也吃不消。东方人的气质和他们相差太大了。听说近来英国学术界也有一场论战，有人认为要消灭贫困必须工业高度发展，有的人说不是这么回事。记得一九二〇年代我在巴黎时，也有许多文章讨论过类似的题目。改善生活固大不容易；有了物质享受而不受物质奴役，弄得身不由主，无穷无尽的追求奢侈，恐怕更不容易。过惯淡泊生活的东方旧知识分子，也难以想象二十世纪西方人对物质要求的胃口。其实人类是最会生活的动物，也是最不会生活的动物；我看关键是在于自我克制。以往总觉得奇怪，为什么结婚离婚在美国会那么随便。《卓别林自传》中提到他最后一个（也是至今和好的一个）妻子乌娜时，有两句话：As I got to know Oona I was constantly surprised by her sense of humor and tolerance; she could always see the other person's point of view…［随着我对乌娜了解的深入，我总是惊讶于她的幽默感和她的宽容待人；她总能理解他人……］从反面一想，就知道一般美国女子的性格，就可部分的说明美国婚姻生活不稳固的原因。总的印象：美国的民族太年轻，年轻人的好处坏处全有；再加工业高度发展，个人受着整个社会机器的疯狂般的tempo［节奏］推动，越发盲目，越发身不由主，越来越身心不平衡。这等人所要求的精神调剂，也只能是粗暴、猛烈、简单、原始的娱乐；长此以往，恐怕谈不上真正的文化了。

二次大战前后卓别林在美的遭遇，以及那次大审案，都非我们所能想象。过去只听说法西斯蒂在美国抬头，到此才看到具体的事例。可见在那个国家，所谓言论自由、司法独立等等的好听话，全是骗骗人的。你在那边演出，说话还得谨慎小心，犯不上以一个青年艺术家而招来不必要的麻烦。于事无补，于己有害的一言一语，一举一动，都得避免。当然你早领会这些，不过你有时仍旧太天真、太轻信人（便是小城镇的记者或居民也难免没有spy［间谍］注意你），所以不能不再提醒你！

一路小心！如可能，随时写几行由弥拉转来！

爸爸　一九六五年十月四日

1965.11.22

亲爱的孩子：

从九月底起我眼睛昏花不能工作也不能看书，枯坐闲荡至今快两个月了，苦闷不堪。医生查不出确实原因，只说目力用得过度，要长期休息，可是工作无限期的耽搁下去，又不比大学教授，病假也可支领薪水，真令人焦急。

本月十一日，报载美国东部七州停电，我马上查看你的日程表，知道那时你已去西部，不致遭到麻烦，总算放了心，但不知弥拉在Philadelphia［费城］有否受累。前三天又见报道，伦敦大风雪，连带断电，颇为凌霄着急。十月底你岳父来信，未提到孩子在何处（在瑞士还是在伦敦），你十一月十二日的信（昨天收到）也没说凌霄究竟在哪儿。

十一月十二日来信说起在美旅行的心情，我完全理解，换了我，恐怕比你更受不住。二十世纪高度物质文明的生活，和极度贫乏的精神生活的对照，的确是个大悲剧，同时令人啼笑皆非。我知道你要不是为了谋生，决不愿常去那种地方受罪。

你离家将近两月，凌霄必定又长了许多，也学乖了许多，大概年底年初又好收到新照片了。这是我们惟一的安慰和希望——除了你们俩的信以外。

STUDIO99［九十九工作室］两次复信都未完全答复我的问题（我一定要事先问得清清楚楚，因是旧机器配合新唱盘及新Pick-up［拾音器］，又要预防将来零件坏了添配不到）。最近去信给伦敦总经销

Beogram的公司，询问技术细节，总算有了回音，Beogram的唱盘——Pick-up是STUDIO99推荐的，大概要花到四十多磅，包装及寄费在外。过几天同懂得此道的朋友商量妥了再决定，就去信STUDIO99。届时他们会向你收款的。叫你一再破费，我心中矛盾得很，新唱盘不买，本来可以，只是你的唱片一唱就坏，心里也不忍；而且我跟你最直接的精神交流，除了通信，也只有听你的唱片了。

你十二月九日到二十一日在意大利演出完毕后，要不要离英到什么地方去过年度假？望告诉我们！千万千万！我们最牵挂的就是不知道你们在何处。明年四月去法国的节目有了消息，马上通知我！

此刻正在吃中药，调整全身健康，因眼花无药可治（中西药皆然），只能从整体滋补，但收效极缓，只能耐心等待耳。

家中有新保姆否？瑞士的老妈妈是不是能接替以前的Eloise［埃洛伊丝］呢？否则弥拉忙得不可开交，怎办呢？有空即来信。一切保重，问弥拉好！

爸爸　六五年十一月二十二日

一九六六年

1966年8月30日深夜，傅雷夫妇突遭造反派抄家，批斗三天四夜。9月2日深夜，傅雷夫妇留下遗书，自缢身亡。

1966.1.4

聪，亲爱的孩子：

为了急于要你知道收到你们俩来信的快乐，也为了要你去瑞典以前看到此信，故赶紧写此短札。昨天中午一连接到你、弥拉和你岳母的信，还有一包照片，好像你们特意约齐有心给我们大大快慰一下似的，更难得的是同一邮班送上门！你的信使我们非常感动，我们有你这样的儿子也不算白活一世，更不算过去的播种白费气力。我们的话，原来你并没当作耳边风，而是在适当的时间都能一一记起，跟你眼前的经验和感想作参证。凌霄一天天长大，你从他身上得到的教育只会一天天加多；人便是这样：活到老，学到老，学到老，学不了！可是你我都不会接下去想：学不了，不学了！相反，我们都是天生的求知欲强于一切。即如种月季，我也决不甘心以玩好为限，而是当做一门科学来研究，养病期间就做这方面的考据。

提到莫扎特，不禁想起你在李阿姨（蕙芳）处学到最后阶段时弹的*Romance*［《浪漫曲》］和*Fantasy*［《幻想曲》］，谱子是我抄的，用中国式装裱；后来弹给百器听（第一次去见他），他说这是artist［艺术家］弹的，不是小学生弹的。这些事，这些话，在我还恍如昨日，大概你也记得很清楚，是不是？

关于柏辽兹和李斯特，很有感想，只是今天眼睛脑子都已不大行，不写了。我每次听柏辽兹，总感到他比德彪西更男性、更雄强、更健康，应当是创作我们中国音乐的好范本。据罗曼·罗兰的看法，法国史上真正的天才（罗曼·罗兰在此对天才另有一个定义，大约是指天生的像潮水般涌出来的才能，而非后天刻苦用功来的）作曲家只有比才和他两个人。

弥拉这回的信，感情特别重，话也说得真体贴，有此好媳妇，我们也是几生修得！希望你也知足，以此自豪，能有这样的配偶也是你的大幸，千万别得福不知。家里有了年轻的保姆，处处更得小心谨慎，别闹误会。

你们俩描写凌霄的行动笑貌，好玩极了。你小时也很少哭，一哭即停，嘴唇抖动未已，已经抑制下来：大概凌霄就像你。你说得对：天真纯洁的儿童反映父母的成分总是优点居多；教育主要在于留神他以后的发展，只要他有我们的缺点露出苗头来，就该想法防止。他躺在你琴底下的情景，真像小克利斯朵夫，你以前曾以克利斯朵夫自居，如今又出了一个小克利斯朵夫了，可是他比你幸运，因为有着一个更开明更慈爱的父亲！（你信上说他completely transferred，dreaming［完全被移动了，做梦一样］，应该说transported［被感染］；“transferred［移动］”一词只用于物，不用于人。我提醒你，免得平日说话时犯错误。）三月中你将在琴上指挥，我们听了和你一样excited［兴奋］。望事前多做思想准备，万勿紧张！

下次再谈，一切保重！

爸爸　一九六六年一月四日

弥拉的丝棉袄合身不合身？穿了好看不好看？《江山如此多娇》我想她看了对我们更有了解。

敏一年来篮球打得出色，替校教工队争得不少光荣。他教书已着实有些小名气，北京大半中学校都在提他的名字。平时真用功，肯用脑子，替学生设想，发明许多生动有趣的教学法。连星期日也忙得衣服都没时间洗，多半是小蓉去帮他，又是洗又是缝缝补补。他们俩生活朴素之极。小蓉每周来信，一学期来未中断，如此恒心真难得。（敏太忙，简直数月才来几句，一切都由小蓉报道了。）这孩子天真淳朴少有的厚道，刻苦耐劳，真是未失赤子之心的姑娘！我们不仅为敏庆幸，也为我们一家庆幸了，两个好儿子，两个好媳妇，都亲热得如亲生女儿一般，妈妈说不出有多么高兴！

1966.4.13

亲爱的孩子：

一百多天不接来信，在你不出远门长期巡回演出的期间，这是很少有的情况。不知今年各处音乐会的成绩如何？李斯特的奏鸣曲练出了没有？三月十八日自己指挥的效果满意不满意？一月底曾否特意去美和董氏合作？即使忙得定不下心来，单是报道一下具体事总不至于太费力吧？我们这多少年来和你争的主要是书信问题，我们并不苛求，能经常每隔两个月听到你的消息已经满足了。我总感觉为日无多，别说聚首，便是和你通讯的乐趣，尤其读你来信的快慰，也不知我还能享受多久。十二张唱片，收到将近一月，始终不敢试听。旧唱机唱针粗，唱头重，新近的片子录的纹特别细，只怕一唱即坏。你的唱机公司STUDIO99［九十九工作室］前日来信，说因厂家今年根本未交过新货，故迟迟至今。最近可有货到，届时将即寄云云。大概抵沪尚须二三个月以后，待装配停当，必在炎夏矣。目前只能对寄来新片逐一玩赏题目，看说明，空自向往一阵，权当画饼充饥。此次巴黎印象是否略佳，群众反应如何？Etiemble［埃蒂安布勒］先生一周前来信，谓因病未能到场为恨，春假中将去南方养病，我本托其代收巴黎评论，如是恐难如愿。倘你手头有，望寄来，妈妈打字后仍可还你。Salle Gaveau［加沃音乐厅］我很熟悉，内部装修是否仍然古色古香，到处白底描金的板壁，一派十八世纪风格？用的琴是否Gaveau［加沃］本牌？法国的三个牌子Erard、Gaveau、Pleyel［埃拉德、加沃、普莱耶尔］你都接触过吗？印象怎样？两年多没有音乐杂志看，对国外乐坛动态更生疏了，究竟有什么值得订阅的期刊，不论英法文，望留意。*Music & Musicians*［《音乐与音乐家》］的确不够精彩，但什么风都吹不到又觉苦闷！

两目白内障依然如故，据说一般进展很慢，也有到了某个阶段就停滞的，也有进展慢得觉察不到的：但愿我能有此幸运。不然的话，几年以后等白内障硬化时动手术，但开刀后的视力万万不能与以前相比，无论看远看近，都要限制在一个严格而极小的范围之内。此外，从一月起又并发慢性结膜炎，医生说经常昏花即由结膜炎分泌物沾染水晶体之故。此病又是牵丝得厉害，有拖到几年之久的。大家劝我养身养心，无奈思想总不能空白，不空白，神经就不能安静，身体也好不起来！一闲下来更是上下古今的乱想，甚至置身于地球以外：不是陀斯妥耶夫斯基式的胡思乱想，而是在无垠的时间与空间中凭一些历史知识发生许多幻想，许多感慨。总而言之是知识分子好高骛远的通病，用现代语说就是犯了客观主义，没有阶级观点……其实这类幻想中间，也掺杂不少人类的原始苦闷，对生老病死以及生命的目的等等的感触与怀疑。我们从五四运动中成长起来的一辈，多少是怀疑主义者，正如文艺复兴时代和十八世纪法国大革命前的人一样，可是怀疑主义又是现社会的思想敌人，怪不得我无论怎样也改造不了多少。假定说中国的读书人自古以来就偏向于生死的慨叹，那又中了士大夫地主阶级的毒素（因为不劳而获才会有此空想的余暇）。说来说去自己的毛病全知道，而永远改不掉，难道真的是所谓"彻底检讨，坚决不改"吗？我想不是的。主要是我们的时间观念，或者说time sense［时间观念］和space sense［空间观念］比别人强，人生一世不过如白驹过隙的话，在我们的确是极真切的感觉，所以把生命看得格外渺小，把有知觉的几十年看做电光一闪似的快而不足道，一切非现实的幻想都是从此来的，你说是不是？明知浮生如寄的念头是违反时代的，无奈越老越是不期然而然的有此想法。当然这类言论我从来不在人前流露，便在阿敏小蓉之前也绝口不提，一则年轻人自有一番志气和热情，我不该加以打击或者泄他们的气；二则任何不合时代的思想绝对不能影响下一代。因为你在国外，而且气质上与我有不少相似之处，故随便谈及。你要没有这一类的思想根源，恐怕对Schubert［舒伯特］某些晚期的作品也不会有那么深的感受。

今年有什么灌唱片的计划？在巴黎可曾遇到我当年认识的人—— 不论同胞或法国人？万一没有巴黎剪报可寄，至少得告诉我在那儿的节目！

别让我们等你的信再等下去了！孩子！一切保重！

凌霄想又学乖了许多，告诉我们一些小故事，好不好？

爸爸　六六年四月十三日

近一个多月妈妈常梦见你，有时在指挥，有时在弹concerto［协奏曲］。也梦见弥拉和凌霄在我们家里。她每次醒来又喜欢又伤感。昨晚她说现在觉得睡眠是桩乐事，可以让自己化为两个人，过两种生活：每夜入睡前都有一个希望—— 不仅能与骨肉团聚，也能和一二十年隔绝的亲友会面。我也常梦见你，你琴上的音乐在梦中非常清楚。

从照片上看到你有一幅中国装裱的山水小中堂，是真迹还是复制品？是近人的抑古代的？

本月份只有两整天天晴，其余非阴即雨，江南的春天来得好不容易，花蕾结了三星期，仍如花生米大。身上丝棉袄也未脱下。

1966.6.3

聪：

五月十七日航空公司通知有电唱盘到沪。去面洽时，海关说制度规定：私人不能由国外以“航空货运”方式寄物回国。妈妈要求通融，海关人员请示上级，一星期后回答说：必须按规定办理，东西只能退回。以上情况望向寄货人STUDIO99［九十九工作室］说明。倘能用“普通邮包”寄，不妨一试。若伦敦邮局因电唱盘重量超过邮包限额，或其他原因而拒收，也只好作罢。譬如生在一百年前尚未发明唱片的时代，还不是同样听不到你的演奏？若电唱盘寄不出，或下次到了上海仍被退回，则以后不必再寄唱片。你岳父本说等他五十生辰纪念唱片出版后即将寄赠一份，请告他暂缓数月，等唱盘解决后再说。我记错了你岳父的生年为一九一七，故贺电迟了五天才发出；他来信未提到（只说收到礼物），不知电报收到没有？我眼疾无进步，慢性结膜炎也治不好。肾脏下垂三寸余，常常腰酸，不能久坐，一切只好听天由命。国内“文化大革命”闹得轰轰烈烈，反党集团事谅你在英亦有所闻。我们在家也为之惊心动魄，万万想不到建国十七年，还有残余资产阶级混进党内的分子敢如此猖狂向党进攻。大概我们这般从旧社会来的人对阶级斗争太麻痹了。愈写眼愈花，下回再谈。

一切保重！问弥拉好！妈妈正在为凌霄打毛线衣呢！

爸爸　六六年六月二日

五月底来信及孩子照片都收到。你的心情我全体会到。工作不顺手是常事，顺手是例外，彼此都一样。我身心交疲，工作的苦闷（过去）比你更厉害得多。

妈妈五月初病了一个月，是一种virus［病毒］所致的带状疱疹，在左胸左背，很难受。现已痊愈。

附录

给傅敏的信（之一）

1962.3.8

亲爱的孩子：

很高兴知道你有了一个女友，也高兴你现在就告诉我们，让我们有机会指导你。对恋爱的经验和文学艺术的研究，朋友中数十年悲欢离合的事迹和平时的观察思考，使我们在儿女的终身大事上能比别的父母更有参加意见的条件。你尽可信赖我们，随时把情形和你感情的进展、波动，讲给我们听，帮助你过这一个人生的大关。

首先态度和心情都要尽可能的冷静，否则观察不会准确。初期交往容易感情冲动，单凭印象，只看见对方的优点，看不出缺点，甚至夸大优点，美化缺点。便是与同性朋友相交也不免如此，对异性更是常有的事。许多青年男女婚前极好，而婚后逐渐相左，甚至反目，往往是这个原因。感情激动时期不仅会耳不聪、目不明，看不清对方；自己也会无意识的只表现好的方面，把缺点隐藏起来。保持冷静还有一个好处，就是不至于为了谈恋爱而荒废正业，或是影响功课或是浪费时间或是损害健康，或是遇到或大或小的波折时扰乱心情。

所谓冷静，不但是表面的行动，尤其内心和思想都要做到。当然这一点是很难。人总是人，感情上来，不容易控制，年轻人没有恋爱经验更难维持身心的平衡，同时与各人的气质有关。我生平总不能临事沉着，极容易激动，这是我的大缺点。幸而事后还能客观分析，周密思考，才不至于使当场的意气继续发展，闹得不可收拾。我告诉你这一点，让你知道如临时不能克制，过后必须由理智来控制大局：该纠正的就纠正，该向人道歉的就道歉，该收篷时就收篷，总而言之，以上两点归纳起来只是：感情必须由理智控制。要做到，必须下一番苦功在实际生活中长期锻炼。

我一生从来不曾有过“恋爱至上”的看法。“真理至上”“道德至上”“正义至上”，这种种都应当作为立身的原则。恋爱不论在如何狂热的高潮阶段也不能侵犯这些原则。朋友也好，妻子也好，爱人也好，一遇到重大关头，与真理、道德、正义等等有关的问题，决不让步。

其次，人是最复杂的动物，观察决不可简单化，而要耐心、细致、深入，经过相当的时间、各种不同的事故和场合，处处要把科学的客观精神和大慈大悲的同情心结合起来。对方的优点，要认清是不是真实可靠的，是不是你自己想象出来的，或者是夸大的。对方的缺点，要分出是否与本质有关。与本质有关的缺点，不能因为其他次要的优点而加以忽视。次要的缺点也得辨别是否能改，是否发展下去会影响品性或日常生活。人人都有缺点，谈恋爱的男女双方都是如此。问题不在于找一个全无缺点的对象，而是要找一个双方缺点都能各自认识，各自承认，愿意逐渐改，同时能彼此容忍的伴侣（此点很重要。有些缺点双方都能容忍；有些则不能容忍，日子一久即造成裂痕）。最好双方尽量自然，不要做作，各人都拿出真面目来，优缺点一起让对方看到。必须彼此看到了优点，也看到了缺点，觉得都可以相忍相让，不会影响大局的时候，才谈得上进一步的了解；否则只能做一个普通的朋友。可是要完全看出彼此的优缺点，需要相当时间，也需要各种大大小小的事故来考验，绝对急不来！更不能轻易下结论（不论是好的结论或坏的结论）！惟有极坦白，才能暴露自己；而暴露自己的缺点总是越早越好，越晚越糟！为了求恋爱成功而尽量隐藏自己缺点的人其实是愚蠢的。当然，在恋爱中不知不觉表现出自己的光明面，不知不觉隐藏自己的缺点，不在此例。因为这是人的本能，而且也证明爱情能促使我们进步，往善与美的方向发展。这正是爱情的伟大之处，也是古往今来的诗人歌颂爱情的主要原因。小说家常常提到，我们在生活中也一再经历：恋爱中的男女往往比平时聪明，读起书来也理解得快，心地也往往格外善良，为了自己幸福而也想使别人幸福，或者减少别人的苦难；同情心扩大就是爱情可贵的具体表现。

来信语气冲动，也难怪；你虽行年二十有五，真正谈恋爱恐怕还是第一次，人生第一次经历爱情必然有这些表现。不过目前客观形势必须顾到：第一，功课繁重，尤其你到了最后一学期；第二，时间不够分配；第三，你身体不好，营养不足。因此劝你更要冷静，勿过兴奋，才可身心平稳，睡眠照常（你本来已感睡眠不佳），读书有充分的精神。便是空闲的时间与假日也该合理安排，切勿为了谈恋爱而疲于奔命，劳民伤财（看电影听音乐会等等也要合理安排），影响身心健康和平日功课。一切还要从目前饮食条件看问题，营养不足更需要节约精力体力，忌浪费！

事情主观上固盼望必成，客观方面仍须有万一不成的思想准备。为了避免失恋等等的痛苦，这一点“明智”我觉得一开头就应当充分掌握。最好勿把对方做过于肯定的想法，一切听凭自然演变。

她的家庭情形还得多知道些。上海家住何处？父亲名字及以前服务机构名称望能详告。

总之，一切不能急，越是事关重要，越要心平气和，态度安详，从长考虑，细细观察，力求客观！感情冲上高峰很容易，无奈任何事物的高峰（或高潮）都只能维持一个短时间，要久而弥笃的维持长久的友谊可很难了。我们以十二分的热情支持你，以二十四分的理智指导你，但愿你经过锻炼和考验之后，终于得到持久而可靠的幸福！

除了优缺点，俩人性格脾气是否相投也是重要因素。刚柔、软硬、缓急的差别要能相互适应调剂。还有许多表现在举动、态度、言笑、声音……之间说不出也数不清的小习惯，在男女之间也有很大作用，要弄清这些就得冷眼旁观慢慢咂摸。所谓经得起考验乃是指有形无形的许许多多批评与自我批评（对人家一举一动所引起的反应即是无形的批评）。诗人常说爱情是盲目的，但不盲目的爱毕竟更健全更可靠。

人生观、世界观问题你都知道，不用我谈了。人的雅俗和胸襟气量倒是要非常注意的。据我的经验：雅俗与胸襟往往带先天性的，后天改造很少能把低的往高的水平上提；故交往期间应该注意对方是否有胜于自己的地方，将来可帮助我进步，而不至于反过来使我往后退。你自幼看惯家里的作风，想必不会忍受量窄心浅的性格。

以上谈的全是笼笼统统的原则问题。不认识具体的对象，也只能谈这些。来信所说上半学期的苦闷，暇时不妨告诉我们，一则可以看看你对人生的观念对不对，二则可间接了解一部分对方。

长相身材虽不是主要考虑点，但在一个爱美的人也不能过于忽视。

交友期间，尽量少送礼物，少花钱：一方面表明你的恋爱观念与物质关系极少牵连，另一方面也是考验对方。

给傅敏的信（之二）

1962.3.14

敏，亲爱的孩子：

十二日信和照片都收到，她觉得我又严厉又慈祥，恐怕她心中感到我严厉多于慈祥吧？不认识我或没长期来往的人难免都有此印象，何况从未见过我的女孩子！有理想有热情而又理智很强的人往往令人望而生畏，大概你不多几年以前对我还有这种感觉。去年你哥哥信中说：“爸爸文章的每一字每一句都充满了热情，很执着，almost fanatic［几乎狂热］。”最后一句尤其说得中肯。这是我的长处，也是我的短处。因为理想高，热情强，故处处流露出好为人师与拼命要说服人的意味。可是孩子，别害怕，我年过半百，世情已淡，而且天性中也有极洒脱的一面，就是中国民族性中的“老庄”精神：换句话说，我执着的时候非常执着，摆脱的时候生死皆置之度外。对儿女们也抱着说不说由我、听不听由你的态度。只是责任感强，是非心强，见到的总不能不说而已。你哥哥在另一信中还提到：“在这个decadent［衰微的］世界，在国外这些年来，我遇见了不少人物Whom I admire and love, from whom I learn［让我仰慕、喜爱并且学到许多］，可是从来没有遇到任何人能带我到那个at the same time passionate and serene, profound and simple, affectionate and proud, subtle and straight forward［又热烈又恬静，又深刻又朴素，又温柔又高傲，又微妙又率直］的世界。可见他的确了解我的“两面性”，也了解到中国旧文化的两面性。又热烈又恬静，又深刻又朴素，又温柔又高傲，又微妙又率直：这是我们固有文化中的精华，值得我们自豪的！

当然上述的特点我并没有完全具备，更没有具备到恰如其分的程度，仅仅是那种特点的倾向很强，而且是我一生向往的境界罢了。比如说，我对人类抱有崇高的理想与希望，同时也用天文学地质学的观点看人类的演变，多少年前就惯于用“星际”思想看待一些大事情，并不把人类看作万物之灵，觉得人在世界上对一切生物表示“惟我独尊”是狂妄可笑的。对某个大原则可能完全赞同，抱有信心，我可照样对具体事例与执行情况有许多不同意见。对善恶美丑的爱憎心极强，为了一部坏作品，为了社会上某个不合理现象，会愤怒得大生其气，过后我却也会心平气和的分析、解释，从而对个别事例加以宽恕。我执着真理，却又时时抱怀疑态度，觉得死抱一些眼前的真理反而使我们停滞，得不到更高级更进步的真理。以上也是随便闲扯，让你多体会到你爸爸的复杂心理，从而知道一个人愈有知识愈不简单，愈不能单从一二点三四点上去判断。

很高兴你和她都同意我前信说的一些原则，但愿切实做去，为着共同的理想（包括个人的幸福和为集体贡献自己的力量两项）一步步一步步相勉相策。许多问题只有在实践中才能真正认识，光是理性上的认识是浮表的，靠不住的，经不住风狂雨骤的考验的。告诉她，妈妈和我看了她照片都很喜欢。单凭直觉她就是一个很天真朴实的孩子。她要愿意的话，不妨写信来随便谈谈，不管家常还是人生大事，学问艺术还是琐屑生活。别怕，我们没有女儿，对人家女孩子不至于像对你们兄弟俩那么严厉。同时我也很高兴和小朋友通信，使我感到我没精神衰老到年轻人不想来接近我。从小不大由父母严格管教的青年也有另外一些长处，就是独立自主的能力较强，像你所谓能自己管自己。可是有一部分也是先天比后天更强：你该记得，我们对你数十年的教育即使缺点很多，但在劳动家务、守纪律、有秩序等等方面从未对你放松过，而我和你妈妈给你的榜样总还是勤劳认真的，可惜始终没养成你那方面的好习惯。还可以告诉她：前信所云乃是泛说的一般男女交友，并非对她提出任何具体要求。我们过了半世，仍旧做人不够全面，缺点累累，如何能责人太苛呢？可是古人常说：取法乎上，得乎其中；取法乎中，得乎其下。而我对青年人、对我自己的要求，除了吃苦（肉体上、物质上的吃苦）以外，从不比党对党团员的要求低，这是你知道的。但愿我们大家都来不断提高自己，不仅是学识，而尤其是修养和品德！

爸爸　三月十四日晚

给傅敏的信（之三）

1962.12.5

敏：

宿舍的情形令我想起一九三六年冬天在洛阳住的房子，虽是正式瓦房，厕所也是露天的，严寒之夜，大小便确是冷得可以。洛阳的风刮在脸上像刀割。去龙门调查石刻，睡的是土墙砌的小屋，窗子只有几条木棚，糊一些七穿八洞的纸，房门也没有，临时借了一扇竹篱门靠上，人在床上可以望见天上的星，原来屋瓦也没盖严。白天三顿吃的面条像柴草，实在不容易咽下去。那样的日子也过了好几天，而每十天就得去一次龙门尝尝这种生活。我国社会南北发展太不平衡，一般都是过的苦日子，不是短时期所能扭转。你从小家庭生活过得比较好，害你今天不习惯清苦的环境。若是棚户出身或是五六个人挤在一间阁楼上长大的，就不会对你眼前的情形叫苦了。我们决非埋怨你，你也是被过去的环境、教育、生活习惯养娇了的。可是你该知道现代的青年吃不了苦是最大的缺点（除了思想不正确之外），同学，同事，各级领导首先要注意到这一点。这是一个大关，每个年轻人都要过。闯得过的比闯不过的人多了几分力量，多了一重武装。以我来说，也是犯了太娇的毛病，朋友中如裘伯伯（复生）、仑布伯伯都比我能吃苦，在这方面不知比我强多少。如今到了中年以上，身体又不好，谈不到吃苦的锻炼，但若这几年得不到上级照顾，拿不到稿费，没有你哥哥的接济，过去存的稿费用完了，不是也得生活逐渐下降，说不定有朝一日也得住阁楼或亭子间吗？那个时候我难道就不活了吗？我告诉你这些，只是提醒你万一家庭经济有了问题，连我也得过从来未有的艰苦生活，更说不上照顾儿女了。物质的苦，在知识分子眼中，究竟不比精神的苦那样刻骨铭心。我对此深有体会，不过一向不和你提罢了。总而言之，新中国的青年决不会被物质的困难压倒，决不会因此而丧气。你几年来受的思想教育不谓不深，此刻正应该应用到实际生活中去。你也看过不少共产党员艰苦斗争和壮烈牺牲的故事，也可以拿来鼓励自己。要是能熬两三年，你一定会坚强得多。而我相信你是的确有此勇气的。千万不能认为目前的艰苦是永久的，那不是对前途，对国家，对党失去了信心吗？这便是严重的思想错误，不能不深自警惕！解决思想固是根本，但也得用实际生活来配合，才能巩固你的思想觉悟，增加你的勇气和信心。目前你首先要做好教学工作，勤勤谨谨，老老实实。其次是尽量充实学识，有计划有步骤的提高业务，养成一种工作纪律。假如宿舍四周不安静，是否有图书阅览室可利用？……还有北京图书馆也离校不远，是否其中的阅览室可以利用？不妨去摸摸情况。总而言之，要千方百计克服自修的困难。等你安排妥当，再和我谈谈你进修的计划，最好先结合你担任的科目，作为第一步。

身体也得注意，关节炎有否复发？肠胃如何？睡眠如何？健康情况不好是事实，无须瞒人，必要时领导上自会照顾。夜晚上厕所，衣服宜多穿，防受凉！切切切切。

千句并一句：无论如何要咬紧牙关挺下去，堂堂好男儿岂可为了这些生活上的不方便而消沉，泄气！抗战期间黄宾虹老先生在北京住的房子也是破烂不堪，仅仅比较清静而已。你想这样一代艺人也不过居于陋巷，墙壁还不是乌黑一片，桌椅还不是东倒西歪，这都是我和你妈妈目睹的。

为她着想，你也得自己振作，做一个榜样。否则她更要多一重思想和感情的负担。一朝开始上课，自修课排定，慢慢习惯以后，相信你会平定下来的。最要紧的是提高业务，一切烦恼都该为了这一点而尽量驱除。

你该想象得到父母对儿女的牵挂，可是时代不同，环境不同，父母也有父母的苦衷，并非不想帮你改善生活。可是大家都在吃苦，国家还有困难，一切不能操之过急。年轻时受过的锻炼，一辈子受用不尽。将来你应付物质生活的伸缩性一定比我强得多，这就是你占便宜的地方。一切多往远处想，大处想，多想大众，少顾到自己，自然容易满足。一个人不一定付了代价有报酬，可是不付代价的报酬是永远不会有的。即使有，也是不可靠的。

望多想多考虑，多拿比你更苦的人做比较，不久就会想通，心情开朗愉快，做起工作来成绩也更好。千万保重！保重！

爸爸　十二月五日

只要思想不犯错误，没有精神负担，光是日常生活不方便些，算得什么呢？有困难，想法逐步解决（如自修问题），要冷静，客观，用脑子！找窍门，可不能烦恼，影响身心健康！烦恼解决不了问题。

傅雷夫妇绝笔

1966.9.2

人秀：

尽管所谓反党罪证（一面小镜子和一张褪色的旧画报[1]）是在我们家里搜出的，百口莫辩的，可是我们至死也不承认是我们自己的东西（实系寄存箱内理出之物）。我们纵有千万罪行，却从来不曾有过变天思想。我们也知道搜出的罪证虽然有口难辩，在英明的无产阶级政党和伟大的领导人领导之下的中华人民共和国，决不至因之而判重刑。只是含冤不白，无法洗刷的日子比坐牢还要难过。何况光是教育出一个叛徒傅聪来，在人民面前已经死有余辜了！更何况像我们这种来自旧社会的渣滓早应该自动退出历史舞台了！

因为你是梅馥的胞兄，因为我们别无至亲骨肉，善后事只能委托你了。如你以立场关系不便接受，则请向上级或法院请示后再行处理。

委托数事如下：

一、代付九月份房租55.29元（附现款）。

二、武康大楼（淮海路底）606室沈仲章托代修奥米茄自动男手表一只，请交还。

三、故老母余剩遗款，由人秀处理。

四、旧挂表（钢）一只，旧小女表一只，赠保姆周菊娣。

---

1. 小镜子后有蒋介石的头像，画报上登有宋美龄的照片。这是朱梅馥的三姐朱纯在解放前寄存于傅雷家箱子中的东西。因是他人寄存之物，所以傅雷夫妇从来未曾翻动过。

五、六百元存单一纸给周菊娣，作过渡时期生活费。她是劳动人民，一生孤苦，我们不愿她无故受累。

六、姑母傅仪寄存我们家存单一纸六百元，请交还。

七、姑母傅仪寄存之联义山庄墓地收据一纸，此次经过红卫兵搜查后遍觅不得，很抱歉。

八、姑母傅仪寄存我们家之饰物，与我们自有的同时被红卫兵取去没收，只能以存单三纸（共370元）又小额储蓄三张，作为赔偿。

九、三姐朱纯寄存我们家之饰物，亦被一并充公，请代道歉。她寄存衣箱贰只（三楼）暂时被封，瓷器木箱壹只，将来待公家启封后由你代领。尚有家具数件，问周菊娣便知。

十、旧自用奥米茄自动男手表一只，又旧男手表一只，本拟给敏儿与小蓉，但恐妨碍他们的政治立场，故请人秀自由处理。

十一、现钞53.30元，作为我们火葬费。

十二、楼上宋家借用之家具，由陈叔陶按单收回。

十三、自有家具，由你处理。图书字画听候公家决定。

使你为我们受累，实在不安，但也别无他人可托，谅之谅之！

傅雷　梅馥

一九六六年九月二日夜

傅雷

1908 年 3 月 30 日—1966 年 9 月 3 日

翻译家、作家、文艺评论家

1928 年赴法国巴黎大学，研习美术理论与艺术评论

1931 年回国任教于上海美术专科学校（现南京艺术学院）

一生译著宏富，译作共三十四部，约五百万言

著作

《傅雷家书》《傅雷谈艺录》《世界美术名作二十讲》等

译作

《约翰·克里斯朵夫》《名人传》

《艺术哲学》《欧也妮·葛朗台》等三十四部

朱梅馥

1913年2月20日—1966年9月3日

上海南汇县人，毕业于晏摩氏教会女校

在音乐、书画、文学的鉴赏方面有不俗的见解

1932年与傅雷结为伉俪，相濡以沫三十四载

育有二子，长子傅聪，次子傅敏

扫一扫

给您讲述傅雷夫妇过往轶事

傅雷家信精选

产品经理｜陆如丰　装帧设计｜佐　佑
技术编辑｜顾逸飞　特约印制｜刘　淼
监　　制｜李　潇　出 品 人｜吴　畏

图书在版编目（CIP）数据

傅雷家信精选 / 傅雷，朱梅馥著. -- 天津 : 天津人民出版社，2018.5
ISBN 978-7-201-13333-1

Ⅰ. ①傅… Ⅱ. ①傅… ②朱… Ⅲ. ①傅雷（1908～1966）－书信集 Ⅳ. ①K825.6

中国版本图书馆CIP数据核字（2018）第077050号

傅雷家信精选
FULEI JIAXIN JINGXUAN

出　　版	天津人民出版社
出 版 人	黄　沛
地　　址	天津市和平区西康路35号康岳大厦
邮政编码	300051
邮购电话	022-23332469
网　　址	http://www.tjrmcbs.com
电子信箱	tjrmcbs@126.com
责任编辑	张　璐
产品经理	陆如丰
装帧设计	佐　佑
制版印刷	北京旭丰源印刷技术有限公司
经　　销	新华书店
发　　行	果麦文化传媒股份有限公司
开　　本	880 × 1230毫米　1/32
印　　张	9.25
印　　数	1- 14, 000
字　　数	229千字
版次印次	2018年5月第1版　2018年5月第1次印刷
定　　价	39.00元